Açores

Agradecimentos:
À Direcção Regional de Turismo dos Açores, à Delegação de Turismo de São Miguel, à Delegação de Turismo da Terceira, à Câmara Municipal das Lajes do Pico, ao Departamento de Oceanografia e Pescas da Universidade dos Açores, à Açorline S.A., a Rogério Medina da Servi-Flor Lda. e à Residencial Ilha Graciosa. Aos Rent a Car: Cruserve, Auto Turística Flores e Graciosa Lda.

Agradecimentos especiais a:
Fernanda Bettencourt, Paulo Vilela Raimundo, José Carlos Frias da livraria Artes e Letras da Sol Mar, Teo Camacho e Angelina Mariante, Carlos González, Migui Estrela Rego, Pepe Rego González, Alice e a todos aqueles que, de uma forma ou de outra, contribuíram para a realização deste livro.

Direcção editorial / Editorial management: Raquel López Varela

Coordenação editorial / Editorial coordination: Eva María Fernández e Carla Pires

Texto / Text: Daniel de Sá

Fotografias / Photographs: Javier Grau & Undine von Rönn

Tradução de / Translated by: Marisa Roberto

Diagrama / Diagrams: Gerardo Rodera

Concepção da capa / Cover design: Alfredo Anievas

© EVEREST EDITORA, Lda.
Parque Industrial Meramar II, amz. 1 e 2
2635-047 Rio de Mouro PORTUGAL
ISBN: 972-750-736-0
Depósito legal: 193288/03
Data de impressão: Abril 2003
Printed in Spain – Impresso em Espanha

EDITORIAL EVERGRÁFICAS, S. L.
Carretera León-La Coruña, km 5
LEÓN (Espanha)

Açores

MONUMENTAL MET TURÍSTICA

Fotografias de Javier Grau e Undine von Rönn
Texto de Daniel de Sá

EVEREST
EDITORA

AÇORES

PRÓLOGO

Muitos foram os escritores (insulares, portugueses do continente, estrangeiros de vários países) que aos Açores dedicaram textos admiráveis, prosas tangidas pela grande emoção da descoberta e do maravilhamento por estas nove ilhas que se perfilam, em arco, no meio do Atlântico, entre a Europa a a América. Cito Raul Brandão, autor de «As Ilhas Desconhecidas», e Vitorino Nemésio («Corsário das Ilhas»), os ingleses Joseph e Henry Bullar («Um Inverno nos Açores e um Verão no Vale das Furnas»), os italianos Antonio Tabucchi («La Donna di Porto Pim») e Romana Petri («Il Balienieri delle Montagne»), o alemão Ralph Roger Gockler «Viagem Vulcânica»), o francês Olivier Roland e o espanhol Enrique Villa-Matas. Mas muitos outros escritores há por esse mundo de todos os tempos e lugares, autores de uma literatura difusa, feita de invocação do espírito do lugar, de um encanto surpreendido ou do puro prazer de viajar.

O presente texto de Daniel de Sá tem, sobre os anteriores, a virtude ou vantagem de ser um «olhar de dentro» –não exactamente um diário de bordo, mas um duplo percurso, ao mesmo tempo prático e poético: uma espécie de deriva rigorosa que parte da geografia para a história, e desta para a humanidade profunda do meio e de quem o habita. O leitor não terá aqui um roteiro turístico, naquele sentido em que alguns livros de viagem possam servir de guia aos passos perdidos do viajante. Este livro pode ser lido tanto antes como depois de uma passagem pelos mistérios e pelas inauditas belezas das ilhas dos Açores –ou vendo-as nas imagens deslumbrantes e deslumbradas dos fotógrafos Javier Grau e Undine von Rönn. O que nele existe utilitário é como que a revisão de toda a matéria: um texto essencial, cómodo, verdadeiro, por um lado; e depois a criação de uma linguagem que participa do domínio e do espírito da paisagem. Eis um texto que ensina a andar por essa paisagem, antes, durante ou depois de a termos ido viver. Um texto de amor à terra, de enlevo por ela e de sagração da própria memória –modelarmente escrito por mão de um residente que se espiritualizou também no conhecimento e na contemplação das suas ilhas.

João de melo
Madrid, 2003

THE AZORES

PROLOGUE

Many were the writers (islanders, Portuguese from the Continent, foreigners of various countries) who dedicated to the Azores admirable texts, works of prose embellished by the great surge of emotion of the discovery and enchantment for these nine islands that stretch out, in an arch, in the middle of the Atlantic, between America and Europe. I am referring to Raul Brandão, the author of As Ilhas Desconhecidas, and Vitorino Nemésio (Corsário das Ilhas), the English authors Jospeh and Henry Bullar (Um Inverno nos Açores e um Verão no Vale das Furnas), the Italians Antonio Tabucchi (La Donna di Porto Pim) and Romana Petri (Il Balleniere delle Montagne), the German Ralph Roger Glocker (Viagem Vulcânica), the Frenchman Olivier Roland and the Spaniard Enrique Villa-Matas. But there are many other authors throughout the world of all times and places, authors of a diffused literature, created by an invocation of the spirit of the place, of an unexpected enchantment of the pure pleasure of travelling.

The present text by Daniel de Sá has, above the rest, the virtue or the advantage of being a 'look from the inside' – not exactly a boarding journal, but a double trajectory, simultaneously practical and poetic: a kind of rigorous meandering which departs from geography to history, and from the latter to the profound humanity of the environment and of whoever lives in it. Here, the reader will not find a tourist guide, in the sense that some travel books might serve as guides to the errant steps of the traveller. This book may be read both before and after a passage through the mysteries and through the unbelievable beauty of the islands of the Azores – or seeing them in the awesome and awed images of the photographers Javier Grau and Undine von Rönn. What there is in essence of utilitarian in this book is like a revision of the whole: an essential text, comfortable and authentic, on the one hand; and then, the creation of a language that partakes of the dominion and spirit of the landscape. Here is a text that teaches us to walk through that same landscape before, during or after having experienced it. A text of love for the land, of admiration for it and of consecration of its actual memory – laudably written by the hand of a resident who also attained spirituality in the knowledge and in the contemplation of his islands.

JOÃO DE MELO
MADRID, 2003

AS ORIGENS

The Origins

As Origens

Povoamento

A ideia que temos de um paraíso na Terra é quase sempre uma ilha. Mesmo quem vive em alguma sonha-o sempre em outra, muito longe. E nos Açores há nove, porque, como muitas outras, estas ilhas são as mais belas do Mundo.

Há quem pense que já se sabia da sua existência antes de aqui chegarem portugueses, no século XV, mas essa crença tem o valor histórico de uma fábula. Nas cartas náuticas desse tempo era costume desenhar ilhas imaginárias nas lonjuras desconhecidas dos mares, dando-lhes nomes de lendas e de mistérios.

Faltando muitas informações à nossa curiosidade acerca do seu descobrimento, até a carta do maiorquino Gabriel de Valsequa, feita em 1439, e que vale como certidão de nascimento do arquipélago, sofreu um borrão de tinta que ocultou parte do nome do descobridor, o qual, antes disso, o também maiorquino Pasqual interpretara, já com muita dificuldade, como sendo Diego de Guuleen. (Tê-lo-á influenciado a semelhança deste nome com o de Gullén de las Casas, que foi feito senhor das Canárias em 1437?...) No entanto, e apesar de várias outras hipóteses, é geralmente aceite a opinião do historiador Damião Peres de que o descobridor dos Açores terá sido Diogo de Silves, em 1427.

Quanto à origem do seu nome, desde o século XVI que se levanta a dúvida, pensando-se que os descobridores, ao verem milhafres, os tenham confundido com açores. Mas há quem não aceite a estranheza deste baptismo. Gonçalo Velho Cabral que, a mando do Infante D. Henrique (quinto filho de D. João I e o principal impulsionador dos Descobrimentos), organizou o povoamento de Santa Maria e São Miguel, talvez tenha sido também o padrinho destas ilhas honrando Nossa Senhora dos Açores, que se venera na antiquíssima igreja gótica de Aldeia Rica, na Beira Alta, que era da sua especial devoção. Além deste nome, e durante algumas décadas, outro andou juntamente com ele, ou foi usado em vez dele, em boca de marinheiros ou cartas de marear. Ilhas Terceiras lhes chamavam, por terem sido descobertas depois dos arquipélagos das Canárias e da Madeira.

Alguns anos depois do seu descobrimento, o Infante D. Henrique mandou lançar nos Açores animais domésticos, que serviriam para provar que eram habitáveis, no caso de sobreviverem e se multiplicarem, e para assegurar carne, leite e transporte aos primeiros povoadores. Estes, segundo autorização do rei seu sobrinho D. Afonso V, vieram de várias regiões do Reino, tendo havido entre eles mouros e judeus, não sendo fácil imaginar as dificuldades e os medos que enfrentaram.

Mas os pioneiros depressa se habituaram a estas terras, cultivando-as com tão grande êxito que em breve chegou a Coroa a dar como prémio o que antes, algumas vezes, fora dado como castigo. E foi assim que até da Flandres veio gente povoar os Açores, sobretudo para algumas ilhas do Grupo Central.

Escrito na pedra

O livro mais antigo da história dos Açores tem cerca de oito milhões de anos: o Pico do Facho, em Santa Maria, uma colina de pedra negra que se eleva numa paisagem desolada, um pequeno deserto inesperado e angustiante que os ventos e as chuvas varreram e lavaram durante quatro milhões de anos, depois de, durante outros quatro milhões, ter estado submerso. Ainda os primeiros hominídeos não estavam de pé, e já aquela rocha se erguera nas profundezas do oceano. E possivelmente permaneceria quase imutável até ao fim da humanidade, se não tivesse sido parcialmente destruído para aproveitamento da pedra de que é todo feito. Talvez se evite a perda do que resta deste inquietante monumento natural, para salvar os fósseis marinhos que nele se acumularam durante os quatro milhões de anos em que a plataforma da ilha esteve coberta pelas águas.

Santa Maria, a ilha-mãe na cronologia geológica e histórica do arquipélago, é a única onde se encontram fósseis como esses entre tufos e cordões de lava, além de acamações calcárias, o que é o resultado de a sua formação ter sido muito mais antiga e mais lenta do que a das outras ilhas.

Os Açores são os pontos mais elevados da Cordilheira do Atlântico Central, e assentam num planalto submarino a cerca de dois mil metros de profundidade, que só foi conhecido na segunda metade do século XIX, quando se lançavam os cabos submarinos que uniriam a Europa e a América passando pelo Faial.

A maior parte das ilhas resultou da actividade de vulcões cujas crateras se abateram, formando as chamadas «caldeiras», designação açoriana que foi adoptada pela vulcanologia universal, enquanto que São Jorge, o Pico e parte do Faial foram feitas por basaltos expelidos por múltiplas crateras de zonas de fractura.

Sismos e vulcões

Situadas nas regiões das falhas que separam as placas da Europa, da África e da América, as ilhas dos Açores estão sujeitas a frequentes sismos e vulcões. No entanto, a estatística é mais assustadora do que a realidade. Os sismos mais fortes raramente ultrapassam os seis graus na escala de Richter, havendo uma migração regular dos seus epicentros da zona Faial-Pico para as da Terceira e São Miguel, com um espaço de tempo de cerca de uma década entre cada um. Os últimos em que se registaram vítimas mortais foram o de um de Janeiro de 1980 – que destruiu grande parte de Angra do Heroísmo, São Sebastião e outras localidades da Terceira, além de ter causado graves estragos em São Jorge e na Graciosa – e o de nove de Julho de 1998, que atingiu sobretudo o Faial e o Pico.

A frequência dos sismos aumenta de Santa Maria para Noroeste, sendo cerca de cinquenta por cento superior em São Miguel, três vezes mais na Terceira e cerca de trinta no conjunto Pico-Faial. Nas ilhas do Grupo Ocidental, Flores e Corvo, a mais de duzentos quilómetros do Grupo Central e já dentro da Placa Americana, há apenas o registo histórico de um sismo na primeira, em 1793. No entanto, os que acontecem em Santa Maria raramente são sentidos pela população, bem como a grande maioria de todos os outros, só conhecidos pelos registos dos sismógrafos. E, quando a terra treme com mais violência, esta nunca é tanta que uma construção sólida não possa resistir-lhe.

Há conhecimento de dezoito erupções vulcânicas desde que as ilhas foram povoadas. A mais trágica de todas, em 1630, nas Furnas, em São Miguel, matou dezenas de pessoas e fez secar uma pequena lagoa, cujo sítio onde existia passou a chamar-se Lagoa Seca. Oito dessas erupções foram submarinas, incluindo as últimas duas – a do Faial, em 1957, junto à costa no lugar dos Capelinhos, e a da Terceira, a nove quilómetros a Noroeste da Serreta, que entrou em actividade a dezoito de Dezembro de 1998, interrompendo-a a dois de Outubro de 2000, para voltar a dar ligeiros sinais em Agosto de 2001. Este vulcão tem características próprias, pelo que o Professor Victor Hugo Forjaz, da Universidade dos Açores, propôs uma nova classificação (vulcão de tipo serretiano) que tem sido aceite cientificamente, como aconteceu com o termo «caldeira». O vulcão da Serreta expeliu três tipos de materiais: cinzas, blocos de pedra densos e blocos de pedra leves. Estes transportavam no seu interior gases de enxofre e anidrido carbónico, flutuando até perderem parte dos mesmos.

Existem vários vulcões activos nos Açores, que podem estar apenas adormecidos num longo sono entre duas erupções. Mas os conhecimentos científicos permitem prever o seu despertar, pelo que, atendendo às características dos vulcões açorianos, eles não representam qualquer perigo para a vida humana.

Como manifestações secundárias de vulcanismo, há nos Açores várias sulfataras, ou fumarolas, sendo as mais conhecidas as das Furnas, que apavoraram os primeiros povoadores, que julgavam que os seus vapores e outros gases eram perigosos, talvez mesmo mortais, para as pessoas e os animais. Popularmente conhecidas por «caldeiras», porque lembram grandes panelões de água e barro ferventes, tornaram-se motivo de atracção e, a poucos metros delas, tal como acontece com as da Ribeira Grande, há casas tranquilamente habitadas.

No fundo do mar

No fundo do mar está escrita também a história da origem destas ilhas e talvez da própria vida na Terra.

Em 1720, entre a Terceira e São Miguel, uma erupção vulcânica, numa das falhas mais activas do arquipélago, formou uma pequena ilha que o mar destruiu, deixando em seu lugar um baixio que tem variado de profundidade, havendo chegado já a menos de dez metros da superfície. Viria a ser chamado Banco D. João de Castro, por ser este o nome do barco que o estudou no século seguinte, e cujo baptismo honrara o quarto vice-rei da Índia, grande estudioso da ciência marítima.

Dentro de alguns anos, talvez décadas ou milénios, esse baixio emergirá, provavelmente, formando uma nova ilha, num processo em tudo semelhante ao que originou as outras, feitas de traquito e basalto.

Fenómeno semelhante ao que se verificou no Banco D. João de Castro aconteceu em 1811, criando uma ilhota a cerca de uma milha da ponta da Ferraria, na costa Oeste de São Miguel. O capitão Tillard, da fragata inglesa Sabrina, arvorou uma bandeira na pequena ilha, tomando posse dela para maior glória de Jorge III, e dando-lhe o nome do barco que comandava. Poucos dias depois, as ondas destruíram aquilo que poderia ter sido motivo para um grave incidente diplomático.

O próprio Faial teve variações de nível com o vulcão dos Capelinhos. E, entretanto, Flores e Corvo vão-se afastando para Oeste, à velocidade de cerca de dois centímetros por ano.

No Banco D. João de Castro existem fontes termais (à semelhança de outras a maiores profundidades e que, por isso, têm temperaturas mais elevadas) à volta das quais vivem bactérias que se pensa constituírem a memória viva do momento de passagem entre a vida vegetal e a vida animal.

O clima

As diferentes latitudes das ilhas açorianas correspondem às que ficam compreendidas entre Faro e Leiria, ou Málaga e Cáceres, sensivelmente.

Da conjugação da sua latitude com a posição numa das ramificações da corrente do Golfo, resulta um clima sem temperaturas elevadas no Verão (raramente ultrapassando os vinte e cinco ou vinte e seis graus centígrados) e amenas no Inverno (quase sempre acima dos catorze ou quinze graus). No entanto, a sensação de calor ou de frio pode não corresponder à que seria de esperar segundo a leitura do termómetro, facto que se deve a uma persistente humidade e a uma pressão atmosférica normalmente próxima dos mil e trinta milibares, devida à presença, durante grande parte do ano, do anticiclone dos Açores, que protege o arquipélago, e mais ainda a Europa continental, das tempestades com origem na América. Por isso o vento é normalmente mais forte nas ilhas de Noroeste e a pluviosidade maior, diminuindo um e outra à medida que as massas da ar viajam para Sudeste.

The Origins

Settlement

The idea we make of Paradise on Earth almost always includes an island. Even whoever lives on one always dreams of another, very far away. And in the Azores there are nine, because, like many others, these islands are the most beautiful in the World.

There are those who believe that their existence was already known of before the arrival here of the Portuguese, in the fifteenth-century, but this belief has the historical value of a fable. In the nautical maps of that time it was costumary to draw imaginary islands in the farthest unknown seas, giving them the names of legends and mysteries.

Given the lack of information in our curiosity about its discovery, until the map of the Mallorcan Gabriel de Valsequa, done in 1439, and which is valued as the birth certificate of the archipelago, it suffered a blot of ink which hid part of the name of its discoverer, which, before that had also been interpreted by the Mallorcan Pasqual, with great difficulty, as being Diego de Guuleen. (Did the similarity between this name and that of Gullén de las Casas', who was made lord of the Canaries in 1437, influence him?...) Nevertheless, and despite the many other hypotheses, the opinion of the historian Damião Peres that the discoverer of the Azores was Diogo de Silves in 1427, is generally accepted.

As far as the origin of its name, since the sixteenth-century the possibility was raised that the discoverers, on seeing kites, confused them with the azores. But there are those who repudiate the strangeness of this baptism. Gonçalo Velho Cabral who, at the command of the Prince Henry (fifth son of D. João I and the principal stimulator of the Discoveries), organized the settlement of Santa Maria and São Miguel, might have also been the godfather of these islands honouring Our Lady of the Azores, who is worshipped in the extremely old Gothic church of Aldeia Rica, in Beira Alta, which was consacrated to Her special devotion. Besides this name, and during some decades, another accompanied it, or was used instead of it, in the mouth of mariners or on sailing maps. They named them Ilhas Terceiras (Third Islands), since they had been discovered after the archipelagos of the Canaries and of Madeira.

Some years after its discovery, the Prince Henry ordered domestic animals set free on the Azores, which were to serve to prove that it was inhabitable, in case they survived and multiplied, and to guarantee meat, milk and transport for the first settlers. The latter, according to the permission given by the King his nephew D. Afonso V, came from the various regions of the Kingdom, among them Moors and Jews, and it is not easy to imagine the difficulties and the fears they faced.

But the pioneers soon became accostumed to these lands, planting them with such great success that, shortly, the Crown arrived to award as prize what had, sometimes, previously been given as punishment. And that was how people came from even Flandres to settle into the Azores, especially to some of the islands from the Central Group.

Written on Stone

The oldest book of the history of the Azores has approximately eight million years: the Pico do Facho, in Santa Maria, a little hill of black rock that raises itself in a desolate landscape, a small unexpected and terrible desert that the winds and the rains have swept and washed during four million years, after, for a period of four million others, having been submerged. The first hominids were not even standing, and already that rock had raised itself in the depths of the ocean. And was to possibly remain immutable to the end of humanity, if it had not been partially destroyed, in order to use the rock of which it is all made. Perhaps the loss of what remains of this perturbing natural monument might be avoided, to salvage the marine fossils that have accumulated on it during the four million years in which the platform of the island was covered in water.

Santa Maria, the mother-island in the geological and historical chronology of the archipelago, is the only one where fossils like those are to be found between tufts and lava belts, besides limestone layers, which is the result of its formation having been older and slower than that of the other islands.

The Azores are the most elevated points of the Central Atlantic Mountain Range, and rest upon a submarine plain at approximately two thousand metres of depth, which was only made known in the second half of the nineteenth-century, when the submarine capes that united Europe and America were launched, going past the Faial.

The greatest part of the islands resulted from the activity of volcanoes the craters of which were lowered, forming the so-called 'caldeiras' or hot water tanks, an Azorean designation that was adopted by the universal volcanology, while São Jorge and part of the Faial were created by basalt expelled by multiple craters from zones of fracture.

Earthquakes and Volcanoes

Situated in the weak link regions that separate the plaques of Europe, of Africa and of America, the islands of the Azores are subject to frequent earthquakes and vulcanoes. Nonetheless, the statistic is more frightening than the actual reality. The strongest eathquakes rarely range beyond the six degrees on the Richter scale, a regular migration of its epicentres occuring from the Faial-Pico area to that of the Terceira and São Miguel, with a gap of about a decade between each one. The last ones in which fatal victims were registered were the one in January of 1980 – that destroyed a great part of Angra do Heroísmo, São Sebastião and other localities of Terceira, besides having caused serious damage in São Jorge and on Graciosa – and the one on the ninth of July of 1998, which primarily struck Faial and Pico.

The frequency of the seisms increases from Santa Maria to the North Wast, being about fifty percent higher in São Miguel, three times more on Terceira and about thirty in the Pico-Faial group. On the islands of the Western Group, Flores and Corvo, at more than two hundred kilometres from the Central Group and already within the American plaque, there is only the historical registry of a seism in the former, in 1793. However, the ones that occur in Santa Maria are rarely felt by the population, as well as the great majority of all the others, only known by the seismographic registers. And, when the Earth shakes more violently, this is never such that a solid construction cannot withstand it.

There is knowledge of eighteen vulcanic eruptions since the islands were settled. The most tragic of all, in 1630, in the Furnas, in São Miguel, killed tens of people and caused a small lagoon to dry up, the place where it existed came to be called Lagoa Seca (or Dry Lagoon). Eight of these eruptions were submarine, including the last two – that of the Faial, in 1957, close to the coast at the place of the Capelinhos, and the one on Terceira, at nine kilometres North West of Serreta, which became active on the eighteenth of December of 1998, interrupting its activity on the second of October of 2000, resuming slight signals in August of 2001. This volcano has its own particular characteristics, so that Professor Victor Hugo Forjaz, of the University of the Azores, has proposed a new classification (volcano of the Serretian type) that has been scientifically accepted, just as it happened to the term 'caldeira'. The volcano of Serreta has expelled three types of material: ashes, blocks of dense rock and blocks of light rock. These transported sulphur gases and carbonic anhydride in their interior, floating until they lost part of the same.

There are various active vulcanoes in the Azores, that may be merely dormant in the long slumber between two eruptions. But scientific knowledge allows for predictions as to their reawakening, so that, given the various characteristics of Azorean vulcanoes, they do not represent any danger to human life.

As secondary manifestations of vulcanism, there are in the Azores many solfataras, or fumaroles, with those of the Furnas being the most well-known, which frightened the first settlers, who thought that their vapours and other gases were dangerous, perhaps even mortal, to people and animals. Popularly known as hot water tanks or 'caldeiras', since they recollect great big boiling pans of water and clay, they became a source of attraction and, at a few metres from them, as is the case with the ones at Ribeira Grande, there are houses that are inhabited in a tranquil manner.

At the Bottom of the Sea

At the bottom of the sea is also written the history of the origins of these islands and maybe even that of actual life on Earth.

In 1720, between Terceira and São Miguel, a vulcanic eruption, in one of the most active faultlines of the archipelago, formed a small island that the sea destroyed, leaving in its place a sandbank which has varied in depth, having already reached less than ten metres from the surface. It would come to be called Banco D. João de Castro, since this was the name of the bark that studied it in the next century, and whose baptism honoured the fourth vice-King of India, a great scholar of maritime science.

Within a few years, maybe even decades or millenia, this bank will emerge, probably, forming a new island, in a process at all similar to the one that gave origin to the others, made of trachyte and basalt.

A phenomenon similar to the one verified in the D. João de Castro Bank, took place in 1811, creating a new islet at approximately a mile from the tip of the Ferraria, on the West coast of São Miguel. Captain Tillard, of the English frigate 'Sabrina' hoisted up a flag on the small island, taking possession of it for the greater glory of George III, and lending it the name of the boat he commanded. A few days later, the waves destroyed that which might have been a motive for a serious diplomatic incident.

The actual Faial had some level variations with the volcano of the Capelinhos. And, in the meantime, Flores and Corvo begin to move in a westerly direction, at the velocity of about two centimetres per annum.

At the D. João de Castro Bank there are thermal springs (similar to others at higher depths and which, thus, have higher temperatures) around which live bacteria that is to be believed to be the living memory of the moment of passage between a vegetal form of life and animal life.

The Climate

The different latitudes of the Azorean islands correspond to those which are to be approximately found between Faro and Leiria, or Málaga and Cáceres.

From the conjugation of its latitude with the position of one of the ramifications of the Gulf current, results a climate without high temperatures in Summer (rarely going over the twenty five or twenty six degrees) and mild in Winter (almost always above fourteen or fifteen degrees). Nonetheless, the sensation of heat or cold may not correspond to what is expected according to a thermometer reading, a fact that is owing to a persistent humidity and an atmospheric pressure which is normally close to the one thousand and thirty millibars, given the presence, for the larger part of the year, of the anticyclone of the Azores, that protects the archipelago, and furthermore even continental Europe, from the storms which originate in America. Thus, the wind is normally stronger in the North West islands and the precipitation greater, one and the other decreasing as the masses of air travel in a Southeasterly direction.

S. Miguel, Ponta Delgada: Praça de Gonçalo Velho Cabral.

São Miguel, Ponta Delgada – Praça de Gonçalo Velho Cabral (the Gonçalo Velho Cabral Square).

S. Miguel, Ponta da Ferraria A omnipresente memória dos vulcões. ▶

São Miguel, Ponta da Ferraria (Farrier's Peak). The omnipresent memory of the vulcanoes. ▶

Vila do Porto, Santa Maria
«Quando se anda tanto tempo no mar, toda a terra é a nossa morada.» (João de Melo).

Vila do Porto, Santa Maria. 'When one is so long at sea, the entire earth is one's abode.' (João de Melo).

Graciosa, Furna do Enxofre:
Uma viagem ao centro da Terra.

Graciosa, Furna do Enxofre –
A voyage to the centre of the Earth.

S. Miguel, Sete Cidades:
«...ver uma vez não significa já ter
visto, porque agora é diferente
logo mudou.» (Onésimo
Teotónio Almeida). ▶

São Miguel, Seven Cities
'...having seen once does not mean
having already seen, for now it is
different thus it has changed.'
(Onésimo Teotónio Almeida). ▶

S. Jorge, fajã do Santo Cristo
«Salto verde entre o céu e o mar.» (Carlos Faria).

São Jorge, 'fajã' de Santo Cristo. 'A green leap / jump
in between the sky and the sea.' (Carlos Faria).

S. Miguel, Furnas: Uma «caldeira» cozendo
o seu caldo de água e lama.

*São Miguel, Furnas – A 'caldeira' boiling
its broth of water and mud.*

Faial. Vulcão
dos Capelinhos: «Quanta impaciência
a de Deus em repouso ao sétimo dia e
boas achando as obras prematuras.»
(Vasco Pereira da Costa).

*Faial – the Vulcano of the
'Capelinhos': 'How immense is God's
impatience in repose on the seventh
day and good declaring the premature
works.' (Vasco Pereira da Costa).*

As Origens / The Origins ●

Negrito, Terceira;
Caldeira Velha, S. Miguel: Uma cascata de
água quente, no cenário de um mundo que
parece acabado de estrear.

Negrito, Terceira (Third Island);
Old 'Caldeira', São Miguel. A waterfall
of hot water, within the scenario of a world
which seems just recently discovered.

Pág. 22-23. S. Miguel: Lagoa do Fogo.
A gente pára, a olhar, e dá por si de respiração suspensa,
como se tivesse receio de espantar o sonho ou assustar o silêncio.

P. 22/23. São Miguel – The Fire Lagoon ('Lagoa do Fogo').
People stop, to look, and hold their breath, as if afraid of
surprising the dream or frightening the silence.

FLORA E FAUNA

Flora and Fauna

Flora e Fauna

FLORA

As florestas que cobriam completamente a maior parte das ilhas, com cerca de seis dezenas de espécies únicas no Mundo, incomodaram mais do que maravilharam os primeiros povoadores, apesar de terem entusiasmado muito os cronistas desse tempo. A sua abundância era tão extraordinária que, um século depois, já se tornara lendária, de tal maneira que se acreditava haverem existido malvas onde poderiam pendurar-se bois inteiros para esquartejar. Mas tanto se empenharam os homens em cortes e queimadas que, logo no início do século XVI, foi necessário obrigar a plantar árvores em todos os lugares que não fizessem grande falta à agricultura. E chegou mesmo a ser proibida a exportação de madeira em bruto ou manufacturada.

Os pioneiros do povoamento não podiam saber, nem estariam interessados em fazer perguntas, que cerca de um quinto das árvores e arbustos dos Açores eram como que fósseis com vida, memória das florestas do Sul da Europa e do Norte de África, extintas com as últimas glaciações, que não afectaram as ilhas atlânticas da Macaronésia o suficiente para destruir a sua flora primitiva, onde predomina a laurissilva.

Expulsa do convívio humano, ela resistiu sobretudo nos lugares mais inacessíveis, formando ainda, acima dos setecentos metros, algumas das raras florestas húmidas virgens da Europa. Mas desde 1972, ano em que foram criadas as reservas integrais da montanha do Pico e da Caldeira do Faial, têm vindo a ser definidas reservas naturais e zonas de paisagem protegida, num total de mais de cinquenta, consideradas de interesse europeu e que ocupam cerca de doze por cento da superfície do arquipélago.

Entre as suas espécies mais notáveis, contam-se o cedro-do-mato *(Juniperus brevifolia)*, o louro *(Laurus azorica)*, o vinhático *(Persea indica)*, o pau-branco *(Picconia azorica)*, a uva-da-serra *(Vaccinum cylindraceum)*, a urze *(Erica azorica)* e a queiró *(Daboecia azorica)*.

Das demais espécies endémicas, cerca de vinte estão em risco de extinção. Algumas terão sofrido, além da acção humana e animal, a concorrência de plantas introduzidas, como o australiano incenso *(Pitosporum ondulatum)*, tão bem integrado há séculos que modificou radicalmente a paisagem natural, ou a formosa e perfumada conteira *(Hedychium gardneranum)*, dos Himalaias, que expulsou a maior parte da flora endémica das margens das ribeiras e de outros espaços não cultivados. A mais recente ameaça, talvez pior do que todas as outras pela extraordinária capacidade de multiplicação e sobrevivência, é a do gigante ou gunera *(Gunnera tinctoria)*, que há poucos anos saiu dos jardins das Furnas, em São Miguel, para ir invadindo, de uma forma preocupante, qualquer centímetro quadrado de solo desocupado.

O clima dos Açores torna este arquipélago numa espécie de estufa natural, aqui se tendo adaptado ou naturalizado plantas das mais diversas origens, sobretudo das regiões subtropicais. Entre as flores, a mais famosa é a hortênsia ou novelão *(Hydrangea macrophylla)*, originária do Japão, que ornamenta estradas e pastagens. Dos frutos, o ananás, rei coroado, que só se cultiva em estufas em São Miguel, com fama de ser o melhor do Mundo, ao qual os guaranis chamaram «naná» – perfume grande –, que maravilhou Colombo e mereceu a admiração e o louvor de Oviedo y Valdés, na sua «História Geral e Natural das Índias».

FAUNA

Aves do céu e do mar

Não havia mamíferos terrestre nos Açores no tempo do seu descobrimento. Quando os primeiros povoadores percorreram o interior das ilhas, só encontraram, já em grande quantidade, animais das espécies que haviam sido previamente introduzidas. Mas na pequena ilha do Corvo deu-se um fenómeno de degenerescência que provocou o aparecimento de gado bovino de dimensões reduzidas (cerca de um metro de altura), cujos dois últimos exemplares, dos finais do século XIX, foram conservados na secção de História Natural do Museu Carlos Machado, em Ponta Delgada.

O único mamífero verdadeiramente prejudicial é o inevitável e universal rato, que sempre foi bom marinheiro e excelente reprodutor. A espécie doméstica, que é a mais comum, foi a última a chegar, depois de, a partir da Rússia, onde apareceu em 1727, ter invadido todas as casas da Europa em menos de um século. Nem há quaisquer outros animais a temer, incluindo as várias espécies endémicas de insectos.

A fauna dos Açores é, pois, constituída na sua maior parte por animais introduzidos pela sua utilidade, o que não a torna notória e faz com que dispense apresentação. Alguns invertebrados e aves, no entanto, diferenciaram-se de outros da mesma espécie o suficiente para interessar naturalistas, mesmo estrangeiros, sobretudo ornitólogos. O caso mais famoso e estudado é o do priôlo *(Pyrrhula pyrrhula murina)*, semelhante a um melro, que vive apenas nos arredores do pico da Vara, em São Miguel, e que a meados do século XX chegou a ser considerado extinto. O milhafre açoriano *(Buteo buteo rotschildi)* ter-se-á fixado nestas ilhas provavelmente arrastado por ventos de Nordeste quando fugia aos rigores invernais do Norte da Europa, não tendo no entanto alcançado nunca as ilhas do Grupo Ocidental. As aves marinhas são muito frequentes, sendo as gaivotas as mais abundantes, com a particularidade de haver uma colónia delas com residência na lagoa do Fogo, em São Miguel, onde nidificam. Entre as espécies já raras, o cagarro ou cagarra *(Colonectris diomedea)* e o garajau-rosado (a andorinha-do-mar *Sterna dougallii)* encontram aqui um dos seus últimos refúgios.

Terá sido pela observação do voo de aves marinhas que Diogo de Teive chegou às Flores e ao Corvo. E, quando Colombo estava prestes a ceder perante o medo dos marinheiros que não queriam completar a viagem, foi a presença delas que o informou de que a terra estava próxima e qual a sua direcção. Assim o refere Bartolomeu de Las Casas na *História Geral das Índias:* «...lembrando-se Cristóvão Colombo que as mais das ilhas que os portugueses hoje têm, as tinham descoberto por tomar e ter por certo o dito argumento de seguir após as aves que assim viam voar...»

Os pardais foram os últimos conquistadores alados dos Açores. Inexistentes no arquipélago enquanto aqui se produziu trigo, o seu aparecimento coincidiu com o fim das searas, no princípio da década de 70 do século XX, viajando decerto como passageiros clandestinos nos contentores de cereais. E em breve se tornaram nas aves mais abundantes destas ilhas, o que até então fora prerrogativa dos canários.

Peixes e outros animais marinhos

Vendo-as no mapa, quem não conhece as ilhas dos Açores pode julgar que os açorianos e o mar são amigos inseparáveis. A verdade, porém, não é bem essa. Se há quem não possa viver sem ele (como fonte do seu sustento, como lugar preferido de diversão ou simplesmente como paisagem) há também quem lhe seja indiferente toda a vida. É certo que são poucos os povoados açorianos que não tenham um pedaço de costa a que chamam o seu «calhau» ou o seu porto, mas na maior parte dos casos só se chega lá por caminhos difíceis. As ilhas erguem-se quase sempre sobre escarpadas arribas, e os pioneiros do povoamento vieram para cá para serem sobretudo agricultores, fazendo da pesca um meio auxiliar de subsistência, sendo muitas vezes os braços que cavavam os mesmos que lançavam as redes ou o anzol. E há tradições que têm mais poder do que o passar dos séculos.

No mar dos Açores, cuja zona económica exclusiva corresponde a quase um milhão de quilómetros quadrados, a abundância de peixe não é tanta quanto a sua dimensão poderia fazer supor, porque as ilhas não têm plataforma submarina e, portanto, o plâncton é também reduzido. Por isso, e embora sejam muitas as espécies demersais, a quantidade dos seus indivíduos é relativamente reduzida, enquanto que as pelágicas não têm, normalmente, habitat permanente nestes mares.

No entanto, até à segunda metade do século XX, as águas costeiras dos Açores pareciam armazéns inesgotáveis, mas acabou por ser necessário criar legislação que protegesse espécies em risco.

Tais circunstâncias não impedem, porém, que venham de longe aos mares dos Açores barcos de pesca, sobretudo atuneiros da Madeira, do Continente Português ou de Espanha. Também os pescadores estrangeiros escolhem com frequência estas águas para a pesca desportiva de espécies pelágicas, principalmente tunídeos e espadarte.

Pela pureza quase intocada do mar e pela pouca poluição da costa, os peixes, os crustáceos e os moluscos dos Açores são de excelente qualidade. O mais popular foi sempre o chicharro *(Trachurus picturatus)*, alimento quase diário dos pobres. Era pago muitas vezes com milho e guardava-se-o salgado e seco ao sol, para os longos invernos. O peixe salgado era mesmo um recurso tão frequente que, em Santa Maria – talvez a ilha onde mais era usado por a terra ser pobre e o mar de extraordinária abundância em várias espécies – a meados do século XX ainda havia dois casos de lepra, possivelmente por causa do excesso de sal e carência de vitamina A e outras na alimentação.

As baleias

O cachalote, nos Açores habitualmente dito baleia, tornou-se num símbolo destas ilhas, sobretudo do Pico, onde começou a sua caça nos anos 70 do século XIX, e onde também se apanhou o último mais de cem anos depois. Mas era tão generalizada que até as crianças do Corvo brincavam a fingir de baleeiros. Os açorianos aprenderam a balear em barcos americanos que vinham às ilhas recrutar homens para preencher lugares vagos na equipagem, mas foram normalmente sempre mal pagos e mal tratados. Os que mais lucraram foram os que conseguiram «dar o salto» de ficar na América, o que muitos tentaram imitar alistando-se como baleeiros apenas para poderem entrar na nova Terra Prometida.

O cachalote tornou-se uma paixão, um monstro temido e respeitado, mesmo quando os seus roncos de agonia ecoavam até muito longe, por vezes tendo ainda entre os dentes grandes pedaços de tentáculos das lendárias lulas gigantes (do género *Architeuthis),* tão grossos como a coxa de um homem, no meio de um «Mar Rubro» – título de um livro do escritor Dias de Melo que, mais do que ninguém, tornou mítica a aventura dos baleeiros do Pico. E o sangue que tingia o mar nem sempre foi dos cachalotes... Depois, rebocado para terra, era-lhe extraído o precioso espermacete, arrancados os dentes e fervido o toucinho para o transformar num óleo de muitas aplicações. O cachalote, entretanto, ia largando o seu cheiro fétido, quase no limiar do insuportável, de tal modo que, se a morte tivesse cheiro, seria talvez aquele o cheiro dela.

O grito de «baleia à vista» não era primeiro dado por boca humana, mas por um foguete lançado pelo vigia. Ao ouvi-lo, os baleeiros deixavam tudo o que estivessem a fazer. O sacho caía na terra, a vaca ficava em meio ordenhar, o barbeiro abandonava o cliente com a barba feita de um lado e o sabão na outra, um carcereiro de São Jorge entregava as chaves da prisão à mulher. E até um noivo saiu correndo da igreja antes de terminada a cerimónia do casamento.

Águas interiores

Os primeiros peixes observados na lagoa das Sete Cidades, em 1885, eram do género Carassius, introduzidos possivelmente por aves palmípedes migradoras, desviadas da sua rota por ventos fortes, o que acontece com frequência, que terão trazido os ovos agarrados às patas.

A partir de 1879 havia sido tentada a introdução de trutas na mesma lagoa, o que foi conseguido vários anos mais tarde, depois de algumas iniciativas falhadas, verdadeiras odisseias no transporte de ovos de Inglaterra e de França para Ponta Delgada, e dos alevins de Ponta Delgada para as Sete Cidades.

Mais tarde, foram introduzidas as carpas, não apenas em São Miguel mas também nas Flores. Actualmente são várias as ribeiras onde existem trutas, havendo além delas, nas lagoas maiores de São Miguel e das Flores, outras espécies de interesse, como a referida carpa, a perca, o lúcio, o achigã *(Micropterus salmoides)* e o ruivo *(Rutilus rutilus),* que foram no entanto precedidos pela primeira espécie bem sucedida, no mesmo ano em que se iniciaram as tentativas para introduzir a truta: a ruivaca *(Rutilus macrolepidotus),* proveniente do rio Mondego.

Flora and Fauna

FLORA

The forests that completely cover the larger part of the islands, with approximately sixty unique species in the World, troubled more than marvelled the first settlers, despite having filled the historians of that time with great enthusiasm. Their abundance was so extraordinary that, a century later, it had become legendary, in such a manner that it was believed mallows had existed where whole cattle could have been hung to be cut up. But men dedicated themselves so much to the trimming and burning of fields that, immediately after the beginning of the sixteenth-century, it was necessary to plant trees in all the places where they would not be greatly lacking in agriculture. And it was even forbidden to export wood in bulk or in manufactured form.

The pioneers of the settlement could not have known, neither would they have been interested in asking questions, that about a fifth of the trees and bushes of the Azores were like life-bearing fossils, a living memory of the forests of the South of Europe and of the North of Africa, made extinct by the last glaciations, that had not sufficiently affected the Atlantic islands of the Macaroonesia to destroy its primitve flora, where the laurel brambles predominated.

Expelled from human contact, it withstood aboveall in the most inaccessible places, forming, furthermore, above the seven hundred feet, some of the rare, humid virgin forests of Europe. But since 1972, a year in which were created the integral reserves of the mountain of the Pico and of the Caldeira do Faial, having come to be defined as natural reserves and areas of protected landscape, totalling more than fifty, acknowledged as being of European interest and which occupy approximately twelve percent of the archipelago's surface.

Among its most notable species, one may find the wild cedar (Juniperus brevifolia), the laurel (Laurus azorica), the 'vinhatico' (Persea indica), the whitewood (Picconia azorica), the grape of the hill (Vaccinum cylindraceum), the heather (Erica azorica) and the ling (Daboecia azorica).

Of the remaining endemic species, about twenty are in risk of extinction. Some will have suffered, besides human and animal action, the aggression of plants that were introduced, like the Australian incense (Pitosporum ondulatum), so well integrated centuries ago that it radically modified the natural landscape, or the beautiful and perfumed 'conteira' (Hedychium gardneranum), from the Himalayas, which removed the largest part of the endemic flora from the margins of the rivulets and from other uncultivated places. The most recent threat, perhaps worse than any other for its extraordinary capacity for propagation and survival, is constituted by the giant or gunera (Gunnera tinctoris), which a few years ago left the gardens of the Furnas, in São Miguel, to continue invading, in a troublesome manner, any square centimetre of unoccupied soil.

The climate of the Azores makes this archipelago a kind of natural greenhouse, so that here plants of the widest ranging origins, especially from the subtropical regions, adapted or became natural. From among the flowers, the most famous is the hydrangea or 'big ball of thread' (Hydrangea macrophylla), originally from Japan, that ornaments streets and pastures. Of the fruits, the pineapple, that is only cultivated in greenhouses in São Miguel, was crowned king with the reputation of being the best in the World, which the Guaranis call 'naná' – great perfume -, and which marvelled Colombus and deserved the admiration and praise of Oviedo y Valdés, in his 'General and Natural History of the Indies'.

FAUNA

Birds of the Sky and the Sea

There were no terrestrial mammals in the Azores at the time of its discovery. When the first settlers crossed the interior of the islands, they only found, but already in large quantities, animals of the species that had previously been introduced. But on the small island of Corvo the phenomenon of degeneration took place, which brought about the appearance of cattle of reduced dimension (of about one metre in height), the last examples of which, at the end of the nineteenth-century, were preserved in one of the sections of Natural History of the Carlos Machado Museum, in Ponta Delgada.

The only mammal that was truly harmful is the inevitable and universal mouse, which has always been a good sailor and an excellent reproducer. The domestic variety, which is the most common, was the last one to arrive, from Russia, where it appeared in 1727, after it had invaded all the houses in Europe in less than a century. There are no other types of animals, including the various endemic species of insects, to fear.

The fauna of the Azores is, thus, largely made up by animals introduced for their usefulness, which does not render it noteworthy and makes it lack any kind of formal introduction. Some invertebrates and birds, nevertheless, sufficiently differentiated from others of the same species to interest naturalists, even foreigners, especially ornithologists. The most famous and most widely studied is that of the 'priolo' (Pyrrhula pyrhulla murina), similar to a robin, which lives only in the surroundoings of the highest point of the Vara, in São Miguel, and which around the middle of the twentieth-century came to be considered extinct. The Azorean kite (Buteo buteo rothschildi) settled in these islands probably having been dragged by the NorthEest winds while escaping from the winter rigours of the North of Europe, not having ever reached the islands of the Western Group. The marine birds are very frequent, with the seagulls being the most abundant, given the particularity of there being a colony of theirs with residence in the Fogo lagoon, in São Miguel, where they nest. Among the species already considered rare, the 'cagarro' or 'cagarra' (Colonectris diomeda) and the rosy sea swallow or marine swallow (Sterna dougallii) have found here one of their last refuges.

It will have been due to the observation of the flight of marine birds that Diogo de Teive came to Flores and to Corvo. And, at the moment Colombus was about to cede when faced by the fear of the mariners who were unwilling to complete the voyage, it was their presence that informed him that land was closeby and its direction. Thus, Bartolomeu de Las Casas refers to it in the 'General History of the Indies': "...Cristopher Colombus having remembered that the majority of the islands that the Portuguese have today, had been discovered by having assumed and certified the alleged argument of going after the birds that were seen to fly thus..."

The sparrows were the last winged conquerors of the Azores. Inexistent in the archipelago while wheat was produced here, their arrival coincided with the end of the harvests, at the beginning of the seventies decade of the twentieth-century, probably travelling as clandestine voyagers in the cereal containers. And soon they became the most abundant of the birds on these islands, a status that had previously been the prerogative of the canaries.

Fish and Other Marine Animals

Upon seeing them on a map, whoever does not know the islands of the Azores could be lead to believe that the Azorean people and the sea are inseparable friends. Nothing could be further from the truth. If there are those who cannot live without it (as a source of income, as a favourite place of fun or simply as a landscape), there are also those who are indifferent to it their whole lives. It is certain that few are the Azorean settlements that lack a bit of coast they do not call their 'calhau' (pebble beach) or their port, but in the majority of cases one can only get there via arduous ways. The islands emerge almost always above sloped cliffs, and the pioneers of the settlements came here aboveall to be agricultors, making fishing an auxilliary means of subsistence, so that many times the arms that dug were the same ones that threw the nets or the bait. And there are traditions that have more power than the passing of centuries.

In the sea of the Azores, the exclusive economic area of which corresponds to almost a million square kilometres, the abundance of fish is not as great as its dimension might lead one to believe, since the islands lack a submarine platform and, thus, the plankton, is also diminished. Therefore, and although the demersal species are many, the quantity of its individuals is relatively reduced, while the pelagic normally lack a permanent habitat in these seas.

Nevertheless, up to the second half of the twentieth-century, the coastal waters of the Azores resembled unending warehouses, but it soon became necessary to create legislation that would protect the species at risk.

Such circumstances, however, did not stop the arrival of far-away fishing boats to the seas of the Azores, especially tuna boats from Madeira, from the Portuguese Continent or from Spain. Foreign fishermen frequently also choose these waters for sports fishing of pelagic species, especially the tuna and swordfish.

For the almost untouched beauty of the sea and for the scarcely polluted coast, the fish, the crustaceans and the molluscs of the Azores are of excellent quality. The most popular was always the 'chicharro' – little spanish mackerel (Trachurus picturatus), the almost daily nourishment of the poor. It was often paid for with maize and was preserved, salted and dried in the sun, for the long winters ahead. The salted fish was furthermore such a frequent resource that, in Santa Maria – the island where it was perhaps more commonly used due to the poverty of the land and the abundance of the sea in terms of the various species – around the middle of the twentieth-century there were still two cases of leprosy, possibly due to the excess of salt and lack of vitamin A and other vitamins in the eating habits.

The Whales

The cachalot, habitually called whale in the Azores, became a symbol of these islands, especially of Pico, where its hunting began in the Seventies in the nineteenth-century, and where the last one was caught more than a hundred years later. But it was so generalised that even the children of Corvo pretended to be whalers. The Azoreans learnt to whale in the American boats that came to the islands to recruit men to fill empty posts in the crew, but who were normally always badly paid and badly treated. The ones which profited more were the ones who managed 'to jump the boat', to stay in America, which many tried to imitate by enlisting as whalers in order to be able to enter into the new Promised Land.

The cachalot was to become a passion, a feared and respected monster, even when its grunts of agony echoed very far, sometimes holding still between their great teeth pieces of the tentacles of the legendary giant squid (of the Architeuthis type), as thick as a man's thigh, in the midst of a reddened sea or 'Mar Rubro' – this being the title of a book by the author Dias de Melo who, more than anyone else, made the adventure of the whalers of Pico mythical. And the blood which stained the sea was not always from the cachalot... Afterwards, dragged onto the shore, the precious spermaceti was extracted, its teeth were pulled and its lard was boiled to transform it into an oil of many applications. The cachalot, in the meantime, would disperse its fetid smell, almost to an unbeareable point, in such a way that, if death bore a smell, it would probably smell like that.

The scream of 'whale in sight' was not first given by human mouth, but by a firework launched by the watcher. Upon hearing it, the whalers would leave everything they might be doing. The weeding hoe fell to the ground, the cow remained half milked, the barber abandoned the client with a half-shaven, half-soapy face, the jailer of São Jorge handed the jail keys to his wife. And even the bridegroom left the church, running off before the wedding ceremony had finished.

Interior Waters

The first fish observed in the Sete Cidades Lagoon, in 1885, were of the Carassius type, possibly introduced by migrant web-footed birds, thrown off course by strong winds, which occurs frequently, and which would have brought the eggs attached to their claws.

From 1879, the introduction of trout in the same lagoon had been attempted, which was finally achieved many years later, after some failed attempts, which were authentic odisseys entailing the transport of the eggs from England and from France to Ponta Delgada, and from the alevins of Ponta Delgada to the Sete Cidades.

Much later, carps were introduced, not only in São Miguel but also at Flores. Currently, many are the rivulets where trouts exist, and besides that, in the bigger lagoons in São Miguel and Flores, other interesting species exist, like the abovementioned carp, the perch, the pike, the black bass (Micropterus salmoides) and the surmullet (Rutilus rutilus), that were in any event preceded by the first successful species, in the same year in which the attempts to introduce the trout began: the red surmullet (Rutilus macrolepidotus), originally from the Mondego river.

Flora e Fauna / Flora and Fauna

«Os olhos perdem-se para além do horizonte marinho, tão cheio de promessas e possibilidades. Os pés – e o coração – encravam-se na ilha: raízes.»
(Valesca de Assis, escritora brasileira).

The gaze of the eyes extends beyond the maritime horizon, so filled with promises and possibilities. The feet – and the heart – sink deep into the island: roots.'
(Valesca de Assis – Brazilian author).

«O vento endoidou para estas bandas. Vento leste para mais ajuda. Fico logo varrido por dentro, com as ideias amotinadas e as emoções à deriva, batidas, como roupa estendida, num longo fio atravessado na paisagem.» (Cristóvão de Aguiar).

'The wind has gone mad along this way. Eastern wind for further help. I am immediately swept on the inside, with ideas in total disarray and the meotions wandering aimlessly, pounded, like hanged-up washing, in a long line stretching across the view.' (Cristovão de Aguiar).

Piteiras.
Seco, o miolo do
escapo da piteira
servia para
amaciar as
navalhas de barba.

*Piteiras. Dry, the
dough of the shaft
of the aloe served
to soften the
razors.*

Conteira: Bela e perfumada, por causa do suco doce das suas flores havia crianças
que as vendiam a outras, trocando-as por botões (as «marcas») para jogos infantis. ◗

*Conteira. Beautiful and perfumed, due to the sweet sap of its flowers there used to be children
who sold them to other children, exchanging them for buttons (the 'marcas') for childish games.* ◗

«No cheiro a erva um sonoro subtil voar do silêncio
brota um crepúsculo de flores exemplares»
(Marcolino Candeias).
A urze foi vassoura e lenha para o forno dos pobres
e para chamuscar os porcos.

'In the smell the grass from a subtle sound of floating silence
stems a crepuscle of exemplary flowers.'
(Marcoline Candeias).
The heather served as broom and wood for the fire
of the poor and to smoke out the hairs off pigs.

«...rosas é que não te dou, minha filha;
não te quero magoada.»
(Adelaide Freitas).

'...roses I will not give you, daughter
of mine; I will not have you hurt.'
(Adelaide Freitas).

Talvez Fernão Capelo Gaivota disputando o almoço a cagarros e golfinhos... «Os animais aceitam o tempo / por serem eles próprios o tempo / em carne e osso.» (Martins Garcia).

Perhaps Jonathan Livingstone Seagull disputing lunch over 'cagarros' and dolphins... 'The animals accept time / for they themselves are time / in flesh and blood.' (Martins Garcia).

S. Miguel «Beyond fields of silence, colours of dreams…» (Eduardo Bettencourt Pinto – Escritor emigrado no Canadá). («Para além dos prados do silêncio, a cor dos sonhos.»)

São Miguel. 'Beyond fields of silence, colours of dreams…' (Eduardo Bettencourt Pinto – An emigrant author in Canada).

Lajes do Pico: Vigia baleeiro; Fábrica da baleia; regata de canoas baleeiras.
«Cavaleiro / do mar no dorso / das vagas domadas» (Vasco Pereira da Costa).

Lajes do Pico – Whale watchpoint; the whale factory; regatta of whaling canoes.
'Horseman / of the sea on the back / of tamed waves' (Vasco Pereira da Costa).

Monumento ao baleeiro no Cais do Pico; Lanchas baleeiras. «Lutava-se. Uma luta renhida, feroz, heróica. A luta do homem com o homem, a luta do homem com os monstros.» (Dias de Melo).

Monument to the whaler at the Cais do Pico; Whaling launches. 'A battle was fought. A fierce battle, ferocious, heroic. The struggle of man against man, the battle of man against monsters.' (Dias de Melo).

ECONOMIA / EMIGRAÇÃO

Economy / Emigration

Economia / Emigração

Economia

A importância dos Açores, no caminho dos ventos que traziam os barcos de regresso à Europa vindos da costa africana, terá primeiro sido entendida como estratégica mas, pela fertilidade do seu solo, logo se revelou como económica também. E, se uma das finalidades do trigo e da cevada que aqui se produzia em abundância foi alimentar as tropas e a cavalaria de África, serviu igualmente para mitigar a carência de cereais de que sofria o Reino. Mas cedo o pastel se transformou numa cultura de grande rendimento, sendo exportado durante um século para a Flandres, a Inglaterra e Sevilha, depois de ter disputado os terrenos aráveis às searas e ao mato virgem. De considerável valor económico foi outra planta também tintureira, a urzela – um líquen que cresce nas rochas da beira-mar – cujo comércio se prolongou até ao século XVIII.

O final do século XVI coincidiu com o fim de um dos primeiros ciclos agrícolas açorianos. O pastel deixou de ter interesse comercial, enquanto que a produção do trigo já não era tão pródiga como cem anos antes. O milho substituiu então o pastel como cultura de grande rendimento económico, com vantagem para os pobres que muito dificilmente ganhavam o pão de todo o ano.

No século XVIII teve início novo ciclo, um dos mais famosos e que faria as maiores fortunas: a laranja ganhou mercado na Europa, sobretudo em Inglaterra. Mas, na década de 1860, duas causas se juntaram para extinguir o seu comércio. Uma praga, a Icerya, estava prestes a completar o seu trabalho de décadas a destruir os laranjais, e Valência a Sicília iam conquistando a parte do mercado que os açorianos detinham. Seria o apogeu de uma crise geral que se foi sucedendo em várias ilhas, provocando anos de graves carências, o que apressou a necessidade de emigrar, tanto mais que os Açores atingiam quase 250 000 habitantes em 1864.

Entretanto, estava já em curso nova transformação no panorama agrícola do arquipélago, com a produção de tabaco, chá e ananás, bem como a plantação de matas de criptoméria.

O século XX chega e avança sem grandes alterações, sobretudo no meio rural. Mas a construção dos aeroportos da Terceira e de Santa Maria cria duas pequenas Américas naquelas ilhas.

Na década de 1960, com o desenvolvimento da aviação a jacto, Santa Maria começa a declinar inevitavelmente. Nesse tempo, as principais exportações açorianas são, por esta ordem, conservas de atum, bordados, agar-agar, ananases, lacticínios, óleo de baleia e madeira, num total equivalente, em valores actuais, a cerca de vinte e cinco milhões de euros. No ano seguinte, as conservas e os bordados, que tinham constituído mais de metade daquelas exportações, descem em conjunto cinquenta e sete por cento.

Os Açores preparam-se então para um novo ciclo económico, com a agricultura tradicional de subsistência a dar lugar às pastagens omnipresentes. Desaparecerá o trigo por completo, e o milho que resistirá será quase todo destinado a forragens. Pára a maior parte das máquinas das moagens modernas e dos velhos moinhos de água, em alguns dos quais ainda se usa, para assentar o eixo do rodízio, uma pedra das que serviram de lastro a caravelas, naus ou galeões, que teriam viajado com pouca carga porque provavelmente viriam buscar trigo.

Penetra-se no interior das ilhas, sobe-se a colinas e a montes, destruindo mato virgem e tapando linhas de água para semear erva. De menos de cem milhões de litros de leite em 1960, passa-se a quinhentos milhões no ano dois mil. As vacas pastam livremente em mais de quatro quintos dos terrenos agrícolas.

A solução para muitos açorianos só poderia ser uma, como já vem sendo há séculos: a emigração.

Emigração

A emigração foi sempre o grande drama colectivo dos açorianos. Gente que veio para esta terra que não pertencia a ninguém e à qual ninguém, portanto, pertencia ainda. Gente que a fez sua e que, por isso, se habituou a amá-la. Como todos os povos amam o lugar onde nasceram, seja a grandeza escaldante do deserto ou as imensas planícies geladas da Sibéria, tão naturalmente como quem ama pai e mãe sem outra razão que não seja ser seu filho.

Mas ser ilhéu é diferente. Pertencer a uma ilha cria o afecto de que a ilha nos pertence. Porque ela é um espaço que se conhece todo, que parece talhado à medida humana. Ou porque a fazemos à nossa medida ou porque nos fazemos à medida dela. Assim, o Corvo é tão grande como São Miguel, ou o Pico tão pequeno como a Graciosa. Sabe-se que o mar define o limite, mas para cá dele toda a terra é nossa. A terra, assim, dá-nos a impressão de que nos protege. Por isso sair da ilha é a pior maneira de ficar nela.

Mal haviam chegado, mal haviam dado humanidade a estas ilhas, já os açorianos partiam. Por aventura ou necessidade, mas sempre mais por esta do que por aquela. Logo os há, e continuará a haver, nas armadas, nos negócios, nos exércitos e nas missões de África, do Oriente e do Brasil.

É assim que um açoriano da Terceira, Francisco do Couto, está entre os fundadores de Salvador da Baía, primeira capital do Brasil. E que Diogo Pereira, do Faial, amigo de São Francisco Xavier, que conheceu nas suas viagens de comércio com a China, assiste à morte do santo jesuíta, cujo corpo cobriu com folhas e levou depois para Goa. Ou que António Silveira Peixoto, da mesma ilha, no século XVIII comanda um grupo de bandeirantes, esse misto de heróis e fora-da-lei, admiráveis num momento e logo odiáveis no outro, mas que deram ao Brasil a dimensão geográfica que o tratado de Madrid lhe reconheceu.

... E que muitas famílias tentam fugir ao medo e à miséria, embarcando para o Brasil, depois de crises vulcânicas que destruíram culturas no Faial e no Pico, o que fez parecer que era pouca a terra e muita a gente. Os que emigram têm de ser todos novos e das profissões que, se mais falta fazem lá, tanta ou mais vão fazer aqui. Estava decidido o modo de despovoar as ilhas da gente que houvesse a mais: homens vigorosos, mulheres férteis, crianças com um futuro a haver. Os seus velhos ficariam sofrendo a saudade própria e a caridade alheia.

... E que, a meados do século XVIII, milhares de açorianos arriscam essa viagem tenebrosa, transportando as ilhas para terras de Vera Cruz, de tal maneira que, em Santa Catarina e no Rio Grande do Sul, se mantêm nomes e costumes açorianos.

No século XIX ainda se emigra para o Brasil. Mas há um destino que passa a ser o de preferência: os Estados Unidos da América. Acaba-se esse século e começa o seguinte com a população dos Açores a diminuir de cerca de 265 000 habitantes, em 1880, para 231 543, em 1920, depois de ter crescido em média mais de mil por ano nas quatro décadas anteriores. O decréscimo da população fora agravado pela epidemia que, apesar de ter sido trazida para a Europa por soldados americanos, ficou conhecida como gripe espanhola, porque em Espanha matou 600 000 pessoas. (Em Portugal, 60 000.)

É altura de reduzir o ritmo da partida. Ou porque quem acolhe não precisa de mais gente, ou porque quem cá manda entende que ela faz falta. Vem aí Salazar e a sua ditadura. O país vai ficar fora da II Guerra Mundial mas longe também do progresso da modernidade. A meados do século, os açorianos aqui são mais do que em qualquer outro tempo foram. Pouco mais de metade saberá ler e escrever. O sacho e a foice ainda empregam muita gente que ganha, de sol a sol e só em dias de bom tempo, metade do milho que uma família de seis pessoas come em pão numa semana. As fábricas que há empregam milhares de homens e mulheres. Mas chegam as máquinas que libertam dos trabalhos mais pesados no campo e na indústria, e novamente a terra parece diminuir ou ter sido devastada. A América é cada vez mais um sonho inenarrável, uma sede irreprimível, uma fome inadiável. E surge, a partir de 1953, com outro nome: Canadá.

O ciclo recomeça. Dos 318 558 residentes que havia em 1950 ainda se passa para os 327 480 dez anos mais tarde. E há o vulcão do Faial em 1957, que não mata ninguém mas cuja cinza é uma bênção: um punhado dela nas couves do quintal ou no telhado da casa pode representar um passaporte e um visto para o sonho americano. E a guerra do Ultramar que sacrifica os jovens no altar pagão da Pátria. De 1969 a 1974, sessenta mil pessoas – um quarto da população do arquipélago, já muito diminuída – partiram para só voltar de vez em quando, muitas delas mais ricas do que os antigos patrões.

Acabada a guerra, devolvida a liberdade, diminuída a população como nunca o fora, a emigração, embora sem parar, diminui também até números pouco importantes. O recenseamento de 2001 diz que nos Açores há somente 242 073 habitantes, mais ou menos os mesmos que já havia há cento e quarenta anos, ainda assim mais 4276 do que em 1991. No entanto, cinco das nove ilhas voltaram a perder população. E, excepto São Miguel e a Terceira, as cidades e algumas vilas, todas as outras ilhas e povoações açorianas têm cerca de metade (ou menos) dos residentes recenseados em 1960.

Para trás ficaram os anos do desespero. E a mais espantosa aventura da emigração, em que Vítor Caetano e Evaristo Gaspar, que nunca tinham pegado num remo nem manobrado uma vela, fugiram para a América em 1951, num barco de seis metros que eles mesmos construíram e que o capitão do porto de Ponta Delgada tinha proibido de ultrapassar os limites da doca, por não ter condições de segurança.

Economy / Emigration

Economy

The importance of the Azores, in the wake of the winds which brought the returning boats from the African coast to Europe, will have first been perceived as being strategic but, by the fertility of its soil, it also proved economic as well. And, if one of the finalities of the wheat and of the barley that was produced here in great abundance was to feed the troops and the cavalry in Africa, it equally served to mitigate the shortage of cereals which the Kingdom endured. But soon enough, the pastel was transformed into a culture of great income, being exported for a century to Flandres, to England and to Seville, after having disputed the arable fields from the harvests and the virgin soil. Of considerable economic worth was another plant, likewise of the dyewood type, the cudbear – a lichen that grows in the rocks by the seaside – the trade of which was prolonged well into the eighteenth-century.

The end of the sixteenth-century coincided with the end of one of the first Azorian agricultural cycles. The pastel lost its commercial interest, while the wheat production was not so prodigious as it was a hundred years before. The maize then substituted the pastry dough as the culture of great economic income, with the added advantage for the poor who with great difficulty earned bread for the whole year.

In the eighteenth-century a new cycle began, one of the most famous and which would make the greatest fortunes: the orange gained a market in Europe, especially in England. But, in the decade of 1860, two causes combined to extinguish its trade. A plague, the Icerya, was about to complete its work of decades of destroying the orange orchards, and Valencia and Sicily nearly conquered the segment of the market previously held by the Azoreans. It was the zenith of a general crisis that took place in various islands, provoking years of serious shortages, which speeded up the need to emigrate, especially since the Azores had reached a population of almost 250 000 inhabitants by 1864.

Meanwhile, a new transformation was already in course in the agricultural panorama of the archipelago, with the production of tabacco, tea, and pineapples, as well as the plantation of fields of cryptometry.

The twentieth-century comes and proceeds without any major alterations, especially in the rural areas. But the construction of the airports at Terceira and Santa Maria creates two little Americas on those islands.

In the decade of the 1960s, with the development of airjets, Santa Maria begins inevitably to decline. At the time, the principal Azorean exports are, in order, tuna conserves, embroidery, agar-agar, pineapples, dairy products, whale oil and wood, totalling the equivalent, in current value, of approximately twenty-five million Euros. In the following year, the conserves and the embroidery, that had constituted more than half of those exports, had dwindled in total fifty seven percent.

The Azores then prepare for a new economic cycle, with the traditional subsistence agriculture giving way to the omnipresent pastures. The wheat is to disappear in total, and the maize that endures, will almost all be destined for forages. The majority of the machinery stops in the modern mills and the old water mills, in some of which is still used, to fix the axis of the ladle-boarded wheel, one of the stones that were used as ballast to caravels, old naus and galleons, which would have travelled with little cargo since they had probably came to fetch wheat.

The interior of the islands is penetrated, the hillocks and hills are climbed, destroying virgin soil and covering water lines in order to plant grass. From less than one hundred millions of litres of milk in 1960, it goes to five hundred million in the year two thousand. The cows pasture freely in more than four fifths of the agricultural fields.

The solution for many Azoreans could only be one, as was the case for many centuries: emigration.

Emigration

Emigration was always the great collective drama for all Azoreans. People came to this land which belonged to no-one and to which, no-one, consequently, belonged still. People who made it theirs and, thus, became accustomed to love it. Like all peoples love their place of birth, be it the burning beauty of the desert or the immense frozen plains of Siberia, quite naturally as one loves a father and mother for no reason other than being their son.

But to be an islander is different. To belong to an island creates the affection that the island belongs to us. Because it is a space which one knows completely, which seems tailored to human measure. Or it is because we tailor-make it to our size or because we tailor-make ourselves to it. Thus, Corvo is as big as São Miguel, or Pico is as small as Graciosa. It is known that the sea defines the limit, but on this side of it the whole land is ours. The land, therefore, gives us the impression that it protects us. So to leave the island is the worst way to remain in it.

As soon as they had arrived, as soon as they had filled these islands with humanity, the Azoreans were already leaving. For adventure or due to necessity, but always more due to the latter than the former. Soon enough they are, and will continue to be, in the fleets, in the businesses, in the armies and in the missions to Africa, to the East and to Brazil.

It is thus that an Azorean from Terceira, Francisco do Couto, is among the founders of Salvador da Baía, the first capital of Brazil. And how Diogo Pereira, from Faial, a friend of São Francisco Xavier, whom he met in his business trips to China, witnesses the death of the Jesuit saint, whose body he covered with leaves and later took to Goa. Or how António Silveira Peixoto, from the same island, in the eighteenth-century commands a group of 'bandeirantes' this mixture of heroes and outlaws, admired one minute and hated the next, but which gave Brazil the geographical dimension that the Treaty of Madrid awarded it.

... And how many families tried to escape the fear and the misery, by voyaging to Brazil, after vulcanic crises that destroyed crops in Faial and in Pico, which made it seem as if the land was scarce and the people overly abundant. All those who emigrated have to be young and of those professions which, if they are greatly missed there, will likewise or even more be missed here. The way to depopulate the islands of surplus people was decided: vigorous men, fertile women, children with a future to follow. The old remained, suffering their own nostalgia and the charity of others.

... And how, from the middle of the eighteenth-century, thousands of Azoreans risk that tenebrous voyage, transporting the islands to the lands of Vera Cruz, in such a way that, in Santa Catarina and in Rio Grande do Sul, Azorean names and customs have been preserved.

In the nineteenth-century emigration to Brazil still takes place. But there is a destination that begins to be favoured: the United States of America. That century ends and the next begins with the population of Azores diminishing by about 265 000 inhabitants, in 1880, to 231 543, in 1920, after having increased in average by more than a thousand per annum in the previous four decades. The decrease of the population was aggravated by the epidemic that, although it had been brought to Europe by American soldiers, was known as the Spanish influenza, since it killed 600 000 people in Spain. (In Portugal, 60 000 were killed).

It is time to reduce the rhythm of parting. Either because whoever welcomes does not need more people, or because those in power here reckon that they are needed here. Salazar and his dictatorship arrive. The country will remain out of World War II but also distant from the progress of modernity. Around the middle of the century, the Azoreans here are greater than they have ever been. A little more than half will know how to read and write. The weeding hoe and the sickle still employ many people who earn, from sunrise to sunrise and only on days of good weather, half the maize meal that a family of six people eats in the form of bread in a week. The factories that there are employ thousands of men and women. But the machines release many from the heaviest tasks in the field and in the industry, and once again the land seems to shrink or to have been devastated. America is increasingly an indescribable dream, an unquenchable thirst, a unpostponable hunger. And, from 1953, it emerges with another name: Canada.

The cycle recommences. Of the 318 558 residents that it still had in 1950, it has 327 480 ten years later. And in 1957, there is the vulcano in Faial, which does not kill anyone but the ash of which is a blessing: a handful of it in the cabbage in the yard or on the houseroof could represent a passport and a visa for the American dream. And the war in the Ultramarine areas that sacrifices the young people in the pagan altar of patriotism. From 1969 to 1974, sixty thousand people – a quarter of the archipelago's population, already very diminished – left only to return from time to time, many of them richer than their former bosses.

With the war ended, and liberty regained, the population decreased as never before, and emigration, though without ever stopping, diminishes also to numbers of little importance. The census of 2001 indicates that in the Azores there are only 242 073 inhabitants, more or less the same number that existed one hundred and forty years ago, nevertheless 4276 more than in 1991. Nonetheless, five of the nine islands lost population again. And, except for São Miguel and Terceira, the cities and some villages, all the other Azorean islands and settlements have about half (or less) the residents that were registered according to the census in 1960.

In the past, remain the years of despair. And the most amazing adventure of emigration, in which Vítor Caetano and Evaristo Gaspar, who had never held an oar or handled a sail, ran away to America in 1951, on a boat of six metres built by them and which the capitain of the Ponta Delgada port had forbidden to sail beyond the limits of the harbour, for not having conditions of safety.

Vale da Achada, Terceira.
«Os pastores são os depositários plenos
dos planos de viagem.» (Urbano Bettencourt).

Valley of the 'Achada', Terceira (Third Island)
'The shepherds are the full depositaries
of travelling plans.' (Urbano Bettencourt).

Estaleiro de milho, Santa Maria; Camponês gradando em S. Jorge.
«Meu pai nunca preguiçou em dias de vida, nunca aquele homem
viu nascer o sol na cama...» (Cristóvão de Aguiar). ◗

Mealie Mill, Santa Maria; A peasant harrowing in São Jorge
'My father never stretched in days of living, never did that man see
the sun rise in bed...' (Cristovão de Aguiar). ◗

Pág. 50-51: Gorreana (Maia), S. Miguel-Chá.
«Comiam os seus chicharros secos, repartidos, condutados com muito pão e que se molhava com uma tigela de chá
preto, o mais Gorreana de quantos havia na ilha de S. Miguel.» (Álamo Oliveira).

Pages 50/51. 'Gorreana' (Maia), São Miguel – Tea.
'They ate their little dry Spanish mackerels, broken into bits, eaten with lots of bread which was moistened in a bowl of
black tea, the most 'gorreana' there was of however many there were on the island of São Miguel.' (Álamo Oliveira).

A cultura do tabaco – que, pela sua capacidade de sideração, dispensa os nitratos – era praticada em rotação com a do milho.

The cultivation of tobacco – which, through its capacity for astrological influence, dispenses with the nitrates – was practised on a rotational basis with that of mealie.

Secadouros de tabaco; Fabrico de charutos.

Tobacco dryers; Manufacturing of cigars.

Estufa de ananases (São Miguel);
Batatas doces (Santa Maria).

A pineapple greenhouse (São Miguel);
Sweet potatoes (Santa Maria).

«As mãos do homem são a maior
fotossíntese da terra.» Borges Martins.

'The hands of man are the largest
photosynthesis of the earth.' (Borges Martins).

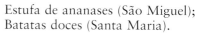

Mercado; Bananal. «É nos mercados que se sente a alma dos povos.» (Jorge Forjaz).
The market; A banana field. 'It is in the markets that one feels the soul of the people.' (Jorge Forjaz).

Adega, na Graciosa; Vinhedos, em Santa Maria.

A wine cellar, in Graciosa; Vineyards, in Santa Maria.

Rede e atum rabilho. «É como... se lançasses / a rede grande mil braças em redor / e em cada bóia escrevesses / ...este mar / é meu!» (Artur Goulart).

Porto de Vila Franca do Campo. «... nesse tempo, o mar não dava pão durante o inverno.» (Álamo Oliveira).

Net and tuna 'rabilho'.
'It is as if... you threw / a great net a thousand strokes all around / and in each buoy you wrote /... this sea / is mine!' (Artur Goulart).

Porto de Vila Franca do Campo (the Vila Franca do Campo Port). '..at that time, the sea provided no bread in the winter.' (Álamo Oliveira).

Sol suave, água quase tépida, ar puro:
as boas tentações do Verão.

*Soft sun, almost tepid water, pure air:
the wonderful temptations of Summer.*

CULTURA

Culture

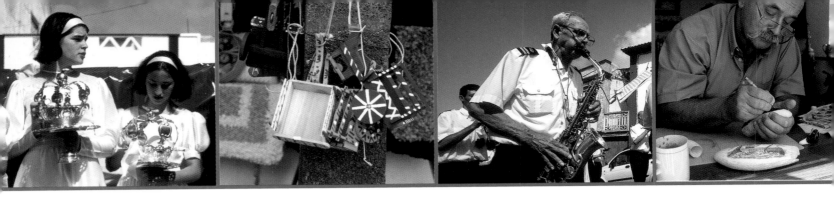

Cultura

CULTURA I (POPULAR)

A cultura é o código genético social de um povo. Foi português esse código, trazido na alma dos povoadores, e que continua comum a todos os açorianos, identificando-os para além das diferenças e dos seiscentos quilómetros que separam o Corvo de Santa Maria, apesar de aquela ilha nunca ter atingido o milhar de habitantes e de São Miguel cedo haver ultrapassado os cem mil. Pode existir entre eles maneiras muito distintas de pronunciar as mesmas palavras, podem uns ser mais expansivos e outros mais reservados, mas esses são sinais exteriores de um mesmo modo de sentir. Num povo em que a maioria é católica, com pequenos núcleos de outras confissões cristãs, as manifestações de fé são um dos traços comuns mais evidentes.

O Espírito Santo

Pentecostes, nome grego da Festa das Semanas, era uma celebração judaica da fraternidade universal, da abundância da ceifa e do pão fermentado. As festas do Espírito Santo são, de certo modo, uma sua versão cristã, que ainda se mantém em algumas terras do Continente Português, onde a rainha Santa Isabel de Aragão (séculos XIII/XIV) muito contribuiu para a sua difusão. Nos Açores, o culto do Espírito Santo tem um ritual comum, embora com características próprias de cada ilha e mesmo com diferenças dentro delas, tendo a sua generalização justificado que a Segunda-feira de Pentecostes fosse declarada feriado regional.

As festas do Espírito Santo são normalmente organizadas de um modo comparável ao das Marchas de Lisboa ou das Fallas valencianas, podendo estar a cargo de um grupo social (paróquia, bairro, lavradores, pescadores) ou de um devoto apenas, com frequência em cumprimento de uma promessa. Cada uma destas festas ou celebrações tem o nome de «Império» (ou «Função»), cabendo-lhe os respectivos símbolos de inspiração imperial: a coroa e o ceptro – de prata – e a bandeira, vermelha,

constando dos três a pomba que representa o Espírito Santo. O seu responsável é o «imperador» – ou «mordomo» – que é coroado durante a missa dominical, sendo muitas vezes substituído por uma criança ou até por outro adulto que com essa distinção se pretenda honrar. Os momentos mais altos da festa acontecem com a procissão (em algumas ilhas já com influência de torna-viagem, à maneira das paradas americanas) e a refeição comunitária em que o essencial é a trindade de pão, carne e vinho.

Os impérios de Santa Maria

Se, no Pico e na Terceira, é onde os impérios são talvez mais espectaculares, é em Santa Maria que se mantêm mais próximos das origens. Participar numa dessas impressionantes manifestações populares, em qualquer dos domingos em que acontecem, é um regresso fascinante ao passado. Entre as suas características únicas está a maneira como cantam os «foliões», que entoam uma melopeia de influência nitidamente mourisca, de que raramente se percebe uma palavra apesar de beberem de vez em quando, ao longo do dia, uma tigela de vinho com açúcar e uma gema de ovo batida, para afinar a garganta. Fazem-se acompanhar de tambor e de minúsculos címbalos, sendo um terceiro elemento o porta-bandeira.

Notáveis são também os seus «pães da mesa», feitos com um alqueire de farinha (cerca de dez quilos). Para poder cozê-los, todas as casas tradicionais têm uma pedra facilmente removível na boca do forno. A carne é cozida segundo uma receita seguramente anterior à divulgação das especiarias africanas ou orientais, temperada com sal, hortelã e endro (o funcho-bastardo – Anethum graveolens –que, nos Açores, se cultiva apenas m Santa Maria).

Os romeiros

Crê-se que as romarias de São Miguel terão tido origem num acto penitencial depois da subversão de Vila Franca do Campo, em 1522, com a visita a uma igreja dedicada à Virgem. Os romeiros dão uma volta completa à ilha de São Miguel, no sentido dos ponteiros do relógio, num percurso de mais de duzentos quilómetros, rezando em todos os templos onde se venere Nossa Senhora. A viagem começa num sábado de madrugada e termina oito ou nove dias depois. Rezam o rosário enquanto caminham, entoando a Ave-Maria num cântico dolente e monótono, mas de comovente expressividade sentimental. Organizam-se em ranchos paroquiais, podendo ser de algumas dezenas até mais de uma centena, incluindo crianças de muito pouca idade e veneráveis anciãos. Usam xaile e lenço de cabeça, levando, além de um bordão, o bornal para as refeições durante o dia. A ceia é fornecida pelas famílias que os acolhem nos lugares onde pernoitam, que frequentemente lhes lavam também os pés e tratam das feridas provocadas pelos caminhos percorridos, ao longo dos quais lhes são pedidas orações por vivos e defuntos. Nas igrejas rezam à Virgem, a Deus e a algum santo de maior devoção, incluindo sempre a intenção dos paroquianos do lugar.

O Carnaval

O que mais caracterizava o Carnaval nos Açores eram os mascarados, agora cada vez menos mas que ainda há poucos anos enchiam as ruas de algazarra e divertidas momices.

Mas nisto de saber divertir-se, a Terceira é a primeira entre todas as ilhas. Se as suas festas Sanjoaninas (em honra de São João Baptista) são a celebração da alegria de viver, o Carnaval é o ponto culminante da criatividade popular. Grupos de toda a ilha apresentam-se sucessivamente no maior número possível de salões públicos, representando, à mistura com música e dança, obras-primas de teatro satírico ou dramático. Nestas «danças» e «bailinhos» de Entrudo, centenas de figurantes representam para dezenas de milhares de espectadores, naquela que é sem dúvida uma das maiores manifestações colectivas de teatro do Mundo.

Folclore

Desde os «Barqueiros do Volga», cujo ritmo repete a cadência de puxar os barcos à sirga, e da «Capoeira», com que os escravos do Brasil disfarçavam como dança exercícios de defesa, até à «Sapateia» açoriana, a maior parte dos cantos e danças populares foi inspirada no modo de vida dos seus quase sempre anónimos autores.

Se um cataclismo histórico preservasse da cultura portuguesa apenas a açoriana, também na música popular ficaria uma sua esclarecedora memória. Nenhuma das cantigas ou danças populares continentais se repete nos Açores, mas sem dificuldade se percebe que o folclore açoriano é parte de um todo que é português

No entanto, é grande a diversidade de ilha para ilha, apesar dos temas comuns (a pobreza, a saudade, o amor campestre) e de haver alguns desenvolvimentos melódicos e coreográficos mais ou menos semelhantes. A própria viola da terra, essencial na música açoriana (provavelmente descendente da viola portuguesa do tempo do povoamento, com doze cordas duplas e triplas) tem na Terceira uma variante de quinze.

As danças tradicionais e a música e os cantares açorianos fizeram parte da vida comunitária, sobretudo em algumas tarefas agrícolas e nas principais festas ao longo do ano, como o Natal, o Ano Novo, o dia de Reis ou a noite das Estrelas (de um para dois de Fevereiro), não faltando também nas matanças do porco. Alguns destes cantares ainda se mantêm, mas as danças desapareceram quase por completo. Para disfarçar a sua falta, os ranchos folclóricos, como museus vivos, vão recordando a tradição na medida do possível.

Cantigas ao desafio

As cantigas ao desafio talvez venham da antiquíssima tradição dos trovadores. São autênticos combates em quadras, que normalmente terminam com o recurso às sextilhas, nos quais o engenho atinge prodígios de imaginação e capacidade de improvisar em alguns segundos a continuação do diálogo poético.

Até ao final do terceiro quartel do século XX, os cantadores, ainda hoje muito admirados, eram verdadeiros heróis populares como o são os desportistas mais famosos. Atraíam multidões onde quer que se exibissem, e alguns tornaram-se quase míticos. E se a lendária Turlu (da Terceira, uma das poucas mulheres que se atreveram a estes domínios masculinos) enfrentava um cantador micaelense, como o Gabriel Ferreira, nada, na roda do ano, voltava a merecer o entusiasmo desse encontro de seres considerados superiores. E eram.

Uma forma diferente é o «cantar as velhas», tradição terceirense de divertidíssimas cantigas de escárnio e maldizer. O seu nome resulta de os cantadores se referirem frequentemente a uma «velha», supostamente dita muitas vezes avó do adversário de despique e quase invariavelmente atrevida e brejeira. Cada estrofe consta de dois tercetos e uma quadra.

Artesanato

Artesanato é o nome que se dá a coisas agora talvez supérfluas, mas que já foram essenciais em outros tempos. Havia que inventar como sobreviver com dignidade. Havia que poupar tudo e em tudo num tempo em que até uma garrafa podia ser um bem precioso. Havia que fingir que eram novas roupas velhas, dando-lhes banho fervente em água com anilinas de cores vibrantes, ou tingir de negro as que seriam usadas em memória de um defunto. Havia que descobrir o corante gratuito, que em Santa Maria podia ser um musgo dos muros de Santana e, em São Miguel, urina, para as camisolas de lã. (Naquela ilha, quando se pesava a lã, a balança não era mais do que dois pedaços de madeira, equilibrado um no outro à maneira romana, com uma pedra a servir de quilo.)

... Os bordados e as rendas são como que impressões digitais de mãos de fadas... As mantas de retalhos tornaram belos e úteis velhos pedaços de tecido...Os cestos de vimes foram imprescindíveis em todas as colheitas...

Mas, se as mãos do artista tocam um dente ou osso maxilar de um cachalote, só o belo acontece. Ou se, de escamas de peixe – delicadeza mais própria da feminina paciência – ou de penas, se faz uma flor impensável, quase acreditamos que a Natureza é que imitou a Arte.

CULTURA II

Ao longo da história destas ilhas, sempre houve açorianos que se distinguiram a todos os níveis da cultura nacional, desde a literatura à política.

Gaspar Frutuoso é um dos mais famosos entre eles. Tendo nascido em Ponta Delgada em 1522, foi bacharel em Artes e Teologia pela Universidade de Salamanca, e vigário da Matriz da Ribeira Grande. Escreveu as «Saudades da Terra», obra histórica imprescindível para a memória das ilhas atlânticas, sendo, na sua maior parte, o primeiro dos seus seis livros dedicado às Canárias, o segundo à Madeira e os outros quatro aos Açores.

Em 1562 nasceu, em Vila Franca do Campo, Damião de Góis, que foi irmão leigo jesuíta e o primeiro português a explorar rotas terrestres entre a Índia e a China.

No século XIX, surge uma brilhante geração de que fizeram parte políticos como o Duque de Ávila e Bolama, Hintze Ribeiro, Manuel de Arriaga e Teófilo Braga (também etnógrafo, poeta e filósofo), tendo sido estes dois os primeiros presidentes da República.

É também o século do pintor Marciano Henriques, do explorador de África Roberto Ivens e do historiador Ferreira Drumond. Em 1835 foi fundado «O Açoriano Oriental», o mais antigo jornal português ainda em publicação, e, em 1843, o primeiro jornal agrícola do País, «O Agricultor Micaelense». E é ainda o século de Antero de Quental (1842-1891), poeta e filósofo, considerado um dos maiores génios do seu tempo pela generalidade dos seus leitores, entre os quais Miguel de Unamuno.

Nasceram no mesmo século os dois maiores músicos açorianos: Tomás Borba, que foi professor de alguns dos mais respeitados nomes da música portuguesa, e Francisco de Lacerda, chefe de orquestra em Lisboa, França e Suíça, e mestre de Ernest Ansermet.

Literatura do século XX

Armando Cortes Rodrigues fez parte do «Orfeu» de Fernando Pessoa. Regressado à ilha, talvez tenha perdido parte da ousadia poética da sua juventude, mas produziu obras de grande sensibilidade.

Vitorino Nemésio, o mais famoso escritor açoriano do século XX, foi poeta e ensaísta e escreveu um dos grandes romances portugueses de sempre: «Mau Tempo no Canal», história de conflitos afectivos entre classes sociais distintas.

Natália Correia teve um enorme talento, que se manifestou quase sublime, como nos «Sonetos Românticos», embora por vezes o desperdiçasse em obras aparentemente banais.

Roberto de Mesquita, sem abandonar nunca o extremo ocidental da Europa, a sua ilha das Flores, conseguiu tornar-se num notável poeta simbolista.

Dos escritores que chegaram ao fim do século ainda em plena actividade, refiram-se apenas aqueles que já mereceram algum prémio nacional ou justificaram traduções.

João de Melo, um dos escritores portugueses mais premiados, assume os remorsos de todas as infâncias doridas, das injustiças sociais e das tragédias da Guerra Colonial.

Dias de Melo, o cronista por excelência dos baleeiros do Pico, faz da sua obra também uma viagem aos mais profundos sentimentos humanos.

José Martins Garcia produz, de um modo sempre apaixonado e apaixonante, ensaio, poesia e ficção. Álamo Oliveira que é ficcionista, poeta, dramaturgo e actor, é também capaz de pintar e de compor.

Cristóvão de Aguiar quase esgota a capacidade estética da Língua, mesmo quando recria o falar do povo de São Miguel. E, se Emanuel Félix é o poeta da sensibilidade quase mística dos sentimentos profanos, Vasco Pereira da Costa é capaz de nos abrir fendas na carapaça da insensibilidade pela ternura das suas personagens da ficção ou da poesia.

Judite Jorge, que mereceu o prémio de revelação da Associação Portuguesa de Escritores, continua a justificar a distinção na obra que vai produzindo, enquanto que Norberto Ávila é um dos dramaturgos portugueses mais representados no estrangeiro, e Manuel Machado compensa o frio da Noruega, onde vive e está traduzido, com o insólito calor da mais inesperada ironia.

Rosa Goulart recebeu um Grande Prémio de Ensaio da Associação Portuguesa de Escritores, e Fátima Sequeira Dias obteve um prémio internacional de ensaio económico.

Entre os principais estudiosos do fenómeno literário açoriano, merecem destaque Martins Garcia, Eduíno de Jesus, Vamberto Freitas (crítico e cronista-mor da emigração), Adelaide Freitas e sobretudo Onésimo Almeida, um extraordinário comunicador dos mais variados saberes e ensaísta da açorianidade literária.

Artes do século XX

Alguns dos grandes artistas portugueses do século XX nasceram nos Açores. Um dos mais talentosos e admirados foi o escultor Canto da Maia. E, se é possível comparar talentos, a nível semelhante estarão os pintores Domingos Rebelo e António Dacosta.

Domingos Rebelo deu às paisagens as cores da sua paleta, mas facilmente deixando perceber que aquelas são as cores da Natureza e as suas próprias. E até quando as personagens que pintou sofrem o cansaço dos romeiros, a pobreza dos humildes, a longa despedida dos emigrantes ou o "até breve" definitivo do adeus à vida dos moribundos, transmitem-nos a suave serenidade de um pincel piedoso. António Dacosta pintou as memórias das festas da sua ilha Terceira, as crianças talvez da sua infância, talvez ele mesmo, anjos incapazes de deter o tempo no tempo da inocência.

Victor Câmara nasceu tarde... Preocupado com a beleza estética das formas e da cor, raramente tentou corrigir a Natureza, onde as julgava perfeitas, a não ser em mordazes caricaturas sociais.

Maduro Dias fez experiências interessantes no contexto da Arte da primeira metade do século. E teve notáveis intervenções urbanísticas cujo mérito só mais tarde seria reconhecido.

Machado da Luz expôs em várias cidades de Portugal e do estrangeiro os seus óleos de exaltação da luz e da cor, e mesma luz e a mesma cor que, antes dele, Duarte Maia fora o primeiro a tentar que coubessem nas paisagens dos seus quadros.

E o século XX chegou ao fim com muitos seus herdeiros culturais a fixarem, com tintas ou materiais sólidos, a expressão dos sentimentos de ser pessoa ou de ser açoriano.

Culture

CULTURE I (POPULAR)

Culture is the social genetic code of a people. This code, brought in the soul of the settlers, and which continues being common to all Azoreans, was Portuguese, identifying them beyond the differences and the six hundred kilometres that separate Corvo from Santa Maria, despite the latter never having reached a thousand inhabitants and that of São Miguel soon having reached the one hundred thousand. There may be very distinct ways between them to pronounce the same words, some may be more expansive and other may be more reserved, but these are exterior signals of a common way of feeling.

In a people in which the majority is Catholic, with little nuclei of other Christian faiths, the manifestations of faith are one of the most evident common links.

The Holy Ghost

The Pentecost, a Greek name for the Feast of Weeks, was a Jewish celebration of universal fraternity, of the abundance of the harvest and of the fermented bread. The feasts of the Holy Ghost are, in a certain way, its Christian version, which is still preserved in some areas of the Portuguese continent, where the Queen Santa Isabel of Aragon (thirteenth / fourteenth-centuries) largely contributed to its diffusion. In the Azores, the cult of the Holy Ghost has a common ritual, although with characteristics specific to each island and even with differences among them, its generalisation having justified that the Monday of Pentecost be declared a regional holiday.

The feasts of the Holy Ghost are normally organized in a manner that is comparable to that of the 'Marchas' in Lisbon or that of the Valentian Fallas, possibly being under the control of a social group (parochial, suburb, workers, fishermen) or of a single devout person, frequently in honouring a promise. Each one of these feasts or celebrations have the name of 'Empire' (or 'Function'), thus being allocated the respective symbols of imperial inspiration: the crown and sceptre – in silver – and the flag, red, including in the three the dove which represents the Holy Ghost. The person responsible for it is the 'emperor' – or 'butler'– who is crowned during the Sunday mass, often being substituted by a child or even by another adult who is to be honoured by this distinction. The highest points of the feast occur when the procession (in some islands already with the influence of turn-around, in true American parade fashion) and the community meal in which the essential is the trinity of bread, flesh and wine.

The Empires of Santa Maria

If it is, in Pico and in Terceira, that the empires are increasingly more spectacular, it is in Santa Maria that they are closest to their origins. To participate in these impressive popular manifestations, in any of the Sundays in which they occur, is a fascinating return to the past. Among its unique characteristics is the way the 'foliões' (revellers) sing, who tune out a musical piece of clearly Moorish influence, of which a word is rarely understood despite a bowl of wine with sugar and a beaten egg yolk, being drunk, from time to time, throughout the day, to tune up their throat. They are accompanied by drums and by minuscule cymbals, with the flag-bearer as the third element.

Noteworthy too is its 'table bread', made with a measure of flour (about ten kilos). In order to bake them, all the traditional houses have an easily removable stone at the mouth of the oven. The meat is cooked according to a recipe which is definitely previous to the discovery of African or Oriental spices, seasoned with salt, mint and dill (the bastard-fennel – Anethum graveloens – which, in the Azores, is only grown in Santa Maria).

The Pilgrims

It is believed that the São Miguel pilgrimages will have originated in a penitential act after the subversion of Vila Franca do Campo, in 1522, with a visit to a church dedicated to the Virgin. The pilgrims go around the complete island of São Miguel, in a clockwise direction, in a trajectory of more than two hundred kilometres, praying in all the temples in which Our Lady is venerated. The trip begins on a Saturday at dawn and ends eight or nine days later. They pray the rosary while they walk, humming the Holy Mary in a hymn which is monotonous and mournful but of touching and sentimental expressiveness. They organize themselves into parochial traditional folk dancers' groups, being able of amounting from a few groups of ten to more than a hundred, including children of young age and venerable elders. They use a shawl and a headscarf, besides a staff, and the knapsack for the meals during the day. The supper is supplied by the families that receive them in the places where they sleep overnight, who frequently also wash their feet and take care of the sores caused by the paths travelled, along which prayers for the living and the dead are requested of them. In the churches, they pray to the Virgin Mary, to God and to any saint of wider devotion, always including the intention of the parishioners of the area.

The Carnival

What most characterized the Carnival in the Azores were the masked people, now increasingly less so but which up until a few years ago filled up the streets with great uproar and funny faces.

But with regards having fun, Terceira is the first from among the other islands. If its SanJoanine feasts (in honour of Saint John Baptist) are a celebration of the joy of living, Carnival is the highest point of popular creativity. Groups from the whole island appear successively in as great a number as possible in public halls, enacting, in a melée of music and dance, masterpieces of satirical or dramatic theatre . In these dances and 'bailinhos' of Entrudo, hundreds of figurants enact to tens of thousands of spectators, in what is undoubtedly one of the largest collective manifestations of theatre in the World.

Folklore

Since the 'The Volga Boat Song', whose rhythm repeats the cadence of pulling the boats to track, and the 'Capoeira', with which the slaves of Brazil disguised exercises of defence as dance, to the Azorean 'Sapateia', the majority of the popular songs and dances was inspired in the way of living of their almost always anonymous authors.

If an historical cataclysm were to preserve only the Azorean in the Portuguese culture, the popular music would also remain an enlightening memory. None of the continental popular songs or dances is repeated in the Azores, but one easily perceives that the Azorean folklore is part of a whole which is Portuguese in essence.

Nonetheless, the diversity from island to island is great, despite the common themes (the poverty, the nostalgia, the love for the countryside) and despite having some more or less similar melodic and choreographical developments. The current guitar of the land, essential in Azorean music (probably a descendant of the Portuguese guitar from the time of the settlements, with twelve double and triple cords) has a variety of fifteen in Terceira.

The traditional dances and the music and the Azorean songs were part of the community life, especially in some of the agricultural tasks and in the principal feasts throughout the year, like Christmas, the New Year, the Day of Kings or the night of the Stars (from the first to the second of February), not missing either from the traditional killing of the pig. Some of these songs still persist, but the dances have almost completely disappeared. To disguise their absence, the folkloric traditional dancers' groups, like veritable living museums, recollect the tradition as much as possible.

Songs to Challenge

The songs to challenge might have originated in the extremely old tradition of the troubadours. They are authentic combats in quatrains, which normally end with the return to sestets, in which the ingeniousness reaches a level of prodigious imagination and capacity to improvise the continuation of the poetic dialogue in a few seconds.

Up to the end of the third quarter of the twentieth-century, the singers, still widely admired today, were true popular heroes as are the more famous sportsmen. They attracted crowds wherever they acted, and some became almost mythical. And if the legendary Turlu (from Terceira, one of the few women that dared venture into these masculine domains) faced a Migueline singer, like Gabriel Ferreira, nothing, in the turn of the year, would deserve more the enthusiasm of that meeting of beings that were considered superior. And they were.

A different way is that of 'singing the old women', a tradition from Terceira of extremely enjoyable songs of mockery and slander. Their name is the result of the singers often referring to an 'old woman', often the supposed grandmother of the revengeful adversary and almost invariably daring and roguish. Each stanza is composed of two tercets and a quatrain.

Handicrafts

Handicrafts is the name given to things now considered superfluous, but which were considered essential at another time.

There was the need to invent the means to survive with dignity. There was the need to save everything and in everything at a time when even a bottle might be a precious possession. There was the need to pretend that old clothes were new, immersing them into boiling baths in water with anilines of vibrant colours, or dye black the ones which would be used in memory of a dead person. There was the need to discover a free colourant, which in Santa Maria might be a moss from the walls of Santana and, in São Miguel, urine, for the woolen jerseys. (On that island, when the wool was weighed, the scale was no more than two bits of wood, one balanced on top of the other in the Roman way, with a stone serving as kilo.)

... The embroidery and the lace are like the fingerprints of fairies' hands... The patchwork quilts became beautiful and useful old bits of material... The osier twig baskets were fundamental in all the harvests...

But if the artist's hands touch the tooth or a jawbone of a cacahlot, only the beautiful emerges. Or if, from fish scales – a delicacy which is more typical of feminine patience – or from feathers, an unthinkable flower is created, one might almost believe that it was Nature that imitated Art.

CULTURE II

Throughout the history of these islands, there were always Azoreans who became notable at all levels of the national culture, from literature to politics.

From among those, Gaspar Frutuoso is one of the most famous. Having been born in Ponta Delgada in 1522, he was a Bachelor of Arts and Theology at the University of Salamanca, and Keeper of the Mother Church of Ribeira Grande. He wrote 'Saudades da Terra', an historical work that is fundamental to the memory of the Atlantic islands, and being, for the most part, the first of his six books dedicated to the Canary islands, the second to Madeira and the other four to the Azores.

In 1562, Damião de Góis, who was a Jesuit lay-brother and who was the first Portuguese to explore terrestrial routes between India and China, was born in Vila Franca do Campo.

During the nineteenth-century, a brilliant generation emerges of which were part politicians like the Duke de Ávila e Bolama, Hintze Ribeiro, Manuel de Arriaga and Teófilo Braga (also an ethnographist, poet and philosopher), the last two having been the first Presidents of the Republic.

It is also the century of the painter Marciano Henriques, of the explorer of Africa, Roberto Ivens and of the historian, Ferreira Drummond. In 1835, the 'O Açoriano Oriental' was founded, the oldest Portuguese newspaper still in publication, and the first agricultural paper in the country, 'O Agricultor Micaelense', in 1843. It is, furthermore, the century of Antero de Quental (1842-1891), poet and philosopher, considered one of the biggest genii of his time by the majority of his readers, among them Miguel de Unamuno.

Born in the same century, were two of the greatest Azorean musicians: Tomás Borba, who was professor of some of the most well-known names in Portuguese music, and Francisco Lacerda, orchestra maestro in Lisbon, France and Switzerland, and Master of Ernest Ansermet.

Twentieth-century Literature

Armando Cortes Rodrigues was part of Fernando Pessoa's 'Orfeu'. Once back to the island, he might have lost part of the poetic audacity of his youth, but he produced works of great sensitivity.

Vitorino Nemésio, the most famous Azorean writer of the twentieth-century, was a poet and an essayist and wrote one of the greatest Portuguese novels of all time: 'Mau Tempo no Canal', a story of conflicts between distinct social classes.

Natália Correia had enormous talent, which proved almost sublime, as in 'Sonetos Românticos', although at times she seemed to waste it on works considered quite commonplace.

Roberto de Mesquita, without ever abandoning the extreme of Western Europe, his island of Flores, managed to become a notable Symbolist poet.

From among the writers who reached the end of the century in full activity, only those who have already deserved some national award or justified translation were mentioned.

João de Melo, one of the most-awarded Portuguese writers, assumes the remorse of all the painful childhoods, of the social injustices and of the tragedies of the Colonial War.

Dias de Melo, the chronicler par excellence of the whalers of Pico, also transforms his work into a voyage to the most profound human feelings.

José Martins Garcia produces, in an always passionate and passion-inspiring manner, essays, poetry and fiction. Álamo Oliveira who is a fiction-writer, poet, playwright and actor, is also capable of painting and of composing.

Cristóvão de Aguiar almost wears out the aesthetic capacity of the Language, even when he recreates the voice of the people of São Miguel. And, if Emanuel Félix is the poet of almost mythical sensitivity of profane feelings, Vasco Pereiro da Costa is able to rend open the cracks in the hard shell of insensitivity to the tenderness of his fictional or poetical characters.

Judite Jorge, who deserved the prize of revelation of the Portuguese Association of Authors, continues to justify this distinction in the work she continues to produce, while Norberto Ávila is one of the Portuguese playwrights that is most enacted in other countries, and Manuel Machado compensates the cold of Norway, where he lives and is translated, with the unusual warmth of the most unexpected of ironies.

Rosa Goulart received a Major Prize of essay from the Portuguese Association of Authors, and Fátima Sequeira Dias obtained an international prize for an Economy essay.

From among the principal scholars of the Azorean literary phenomenon, Martins Garcia, Eduíno de Jesus, Vamberto Freitas (critic and chronicler-mor of emigration), Adelaide Freitas and aboveall Onésimo Almeida, an extraordinary communicator of the most varied range of knowledge and essayist of the literary Azoreanity.

Arts of the Twentieth-century

Some of the greatest Portuguese artists of the twentieth-century were born in the Azores. One of the most talented and admired was the sculptor Canto da Maia. And, if it is possible to compare talents, at a similar level, are the painters Domingues Rebelo and António Dacosta.

Domigos Rebelo gave to the landscapes the colours of his palette, but easily letting us see that those were the colours of Nature and his own. And even when the characters that he painted suffered the exhaustion of the pilgrims, the poverty of the humble, the long farewell of the emigrants or the definitive 'see you soon' of farewell to life of the dying, transmit to us the soft serenity of a compassionate painting brush. António Dacosta painted the memories of feasts in his island Terceira, of children perhaps of his childhood, maybe even himself, angels incapable of stopping time in a time of innocence.

Victor Câmara was born late...Preoccupated with the aesthetic beauty of form and colour, he rarely tried to correct Nature, in which he found them perfect, unless it was in biting social caricatures.

Maduro Dias did interesting experiments in an Art context in the first half of the twentieth-century. And he made notable urban interventions the merit of which would only be recognised much later.

Machado da Luz exhibited in various cities of Portugal and in foreign countries his oils which were exaltations of light and colour, and the same light and the same light and colour that, before him, Duarte Maia had been the first to attempt to include in the landscape of his paintings.

And the twentieth-century came to an end with many of its cultural heirs imprinting, with paints or solid materials, the expression of the feeling of being a person or of being an Azorean.

Festas do Espírito Santo, Terceira.
«Senhor Espírito Santo, de Quem sou irmão /.../
Lança a tua bênção à sua beleza de adolescente /
seus meneios seu sorriso sua perfeição feminil. /
Sobretudo alivia seus pés apertados. // ... faze com
que as filhas em Coroação / cantem sempre
o Paráclito e o júbilo da vida.»
(Vasco Pereira da Costa).

«Mau olhado não a veja,
Ó Divina Providência;
Oxalá que a alma seja
Tão pura como a aparência.»
(Gabriel Ferreira, cantador popular).

«Felizmente não choveu. A Coroação estava
linda!» (Francisco Maduro Dias).

The Holy Ghost Feasts, Terceira (Third Island).
'My Lord the Holy Ghost, whose brother I am /.../
direct your blessing at her adolescent beauty /
her sways her smile her feminine perfection. /
Aboveall alliviate her tightened feet. // ... allow
the daughters in Coronation / to always sing the
Holy Ghost and the jubille of life.'
(Vasco Pereira da Costa).

'Evil eye overlook her,
O great Providence;
May the soul be
As pure as the semblance.'
(Gabriel Ferreira – popular folk singer).

'Happily it did not rain.
The Coronation was beautiful!'
(Francisco Maduro Dias).

Flores. Festas do Espírito Santo, nos Cedros. «No fundo, este açoriano é genuína e profundamente português. Comunga connosco do mesmo Espírito Santo.» (Onésimo Teotónio Almeida).

Flores – The Holy Ghost Feasts in Cedros. 'Ultimately, this Azorean is genuinely and profundly Portuguese. He partakes the Host of the same Holy Ghost with us.' (Onésimo Teotónio Almeida).

Terceira, Império da Ribeirinha. «A casa do Império do Espírito Santo foi sempre o meu símbolo sagrado do Império da igualdade e da fraternidade entre a gente açoriana.» (Vamberto Freitas).

Terceira (Third Island), the Ribeirinha Empire. 'The house of the Holy Ghost Empire was always my sacred symbol of the Empire of equality and fraternity between the Azorean people.' (Vamberto Freitas).

Arraial e festa do Senhor Santo Cristo dos Milagres. «Numa cena repetida a cada Primavera, a rica imagem percorre as ruas de Ponta Delgada. A riqueza maior, contudo, é a fé dos corações açorianos, que fazem da festa do Senhor Santo Cristo um acto dramático de suas esperanças, sempre as mesmas, sempre novas, sempre verdadeiras.» (L. A. Assis Brasil, escritor brasileiro).

Country festival and the feast of Our Lord Jesus Christ of the Miracles. 'In a scene that is repeated every Spring, the venerated image runs through the streets of Ponta Delgada. The greatest wealth is, however, the faith of the Azorean hearts, which make of the feast of Our Lord Jesus Christ a dramatic act of their hopes, always the same, always new, always true.' (L. A Assis Brasil – Brazilian author).

Coroação nas Capelas, S. Miguel. ▶

Coronation in the Chapels, São Miguel. ▶

Pág. 80. Povoação, S. Miguel, Rua ornamentada para a procissão do Corpo de Deus. «É uma arte efémera ritual que vem dos altares até aos caminhos...» (Francisco Ernesto de Oliveira Martins).

Pág. 81. Cavalhadas, Ribeira Seca da Ribeira Grande (S. Miguel). Cavalgada e loas em honra de S. Pedro, cuja tradição há quem julgue ter raízes nos torneios de canas do século XVI.

Procissão de S. Pedro Gonçalves em Rabo de Peixe, S. Miguel. Vá-se lá saber porquê, mas talvez porque Simão Pedro foi pescador de água doce, esta gente do mar confia mais na protecção de S. Pedro Gonçalves.

Procession of Saint Pedro Gonçalves at Rabo de Peixe (Fish's Tail), São Miguel. No-one knows why exactly, but perhaps because Simão Pedro was a riverwater fisherman, these sea people prevail more on the protection of Saint Pedro Gonçalves.

P. 80. Settlement, São Miguel – A street decorated for the Corpo de Deus (Body of God) procession. 'It is an ephemereal ritualistic art which comes from the altars to the paths...' (Francisco Ernesto de Oliveira Martins).

P. 81. Tournaments, Dry Riverbank of the Ribeira Grande (São Miguel). Cavalcade and carols in honour of Saint Peter, the tradition of which some suppose is based on the tournaments of the canes of the sixteenth-century.

Calhetas, Procissão de Nª. Sª. da Boa Viagem. «Estávamos em vésperas das festas de Nossa Senhora da Boa Viagem, num Setembro acalorado e de calmaria, as calmarias de Setembro.» (Cristóvão de Aguiar).

Creeks – The Procession of 'Nossa Senhora da Boa Viagem' (Our Lady of the Good Voyage). 'It was the day before the feasts of Our Lady of the Good Voyage, on a hot and peaceful September, the September peacefulness.' (Cristovão de Aguiar).

Pág. 82 e 83. Desfile
nas Festas Sanjoaninas,
Angra do Heroísmo.

p. 82/83. Parade at the
SanJoanine Feasts,
Angra do Heroismo.

Cantoria na Terceira, que inclui viola da terra de quinze cordas. (Na generalidade, a viola da terra açoriana tem doze). «Nos Açores pontifica a viola da terra, que de ilha para ilha, ou até dentro da mesma ilha, apresenta variantes, na forma como na afinação.» (José Bettencourt da Câmara).

Singing in Terceira (Third Island), which includes a twelve-stringed guitar of the land. (In general, the guitar of the Azorean land has twelve.) 'In the Azores the guitar of the land pontificates, which from island to island, or even within the same island, reveals variants, both in form and in tuning.' (José Bettencourt da Câmara).

S. Miguel, Rancho folclórico. «O que tenho são /
saudades / Hei-de carpi-las porém / ao violão»
(Vasco Pereira da Costa).
Terceira, Bodo de leite no Cabrito. «Esta mesa de
amigos é de todos vocês.» (Valesca de Assis).

São Miguel – a traditional folk dancers'
group. 'What I feel is / nostalgia / Which I will
mourn however / on the cello.' (Vasco Pereira
da Costa). Terceira (Third Island) – distribution of
milk, in Cabrito. 'This table of friends belongs to
all of you.' (Valesca de Assis).

Terceira. Tourada de praça e à corda. «E então rebenta o chupinazo, que nos Açores é um foguete de peça única, estrondoso, com o nome de bombão. O primeiro toiro vai sair. O mar amua ao fundo, ciumento.» (Joel Neto). «Eu fui pastor dos Corvelos, / Rasguei muito camisão. / Mas quem me furou o peito / Ai! Não foi o toiro, não!» (Vitorino Nemésio).

Terceira (Third Island) – Bullfight in the ring and with a rope. 'And then bursts out the 'chupinazo', which in the Azores is a single unit firework, astounding, with the name of great bomb. The first bull is going to be let out. The sea sulks in the background, jealous.' (Joel Neto). 'I was a shepherd of the rooks / Tore many big shirts. / But whoever it was that pierced my chest / Oh! It was not the bull, no!' (Vitorino Nemésio).

Luís Rouxinol toureando em Angra do Heroísmo. ◗
Luís Rouxinol bullfighting in Angra do Heroismo. ◗

◀ Lajes, Pico: Concerto na Semana dos baleeiros.

◀ *Lajes, Pico. Concert during the Week of the Whalers.*

◀ Santa Maria: Festival Atlântico de Teatro Pequeno. (Em cena o grupo «Vamos Fazer de Conta»).

◀ *Santa Maria – Atlantic Festival of the Little Theatre. In the scene, the group 'Let's Pretend' ('Vamos Fazer de Conta').*

S. Miguel: Brinquedos de madeira. Não só mãos livres faziam destas carrocinhas. Muitos presos gastaram nelas o tédio de um tempo imóvel.

São Miguel – Wooden toys. Not only idle hands would create these little carriages. Many prisioners wasted on them the tediousness of a fixed time.

Flores: Artesão de figuras de madeira.

Flores – Artisan of wooden figures.

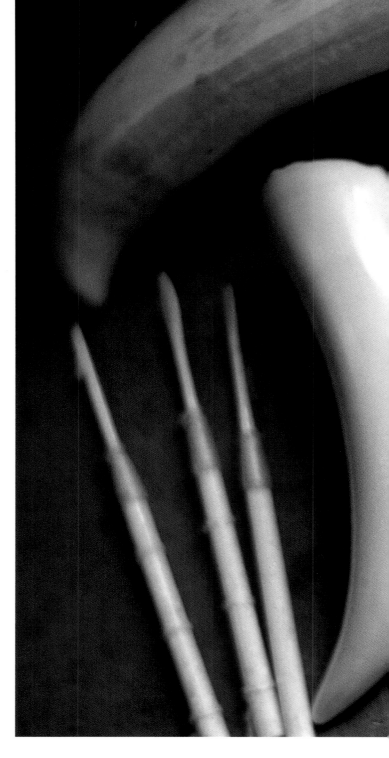

Artista trabalhando num dente de cachalote;
Barco em osso de cachalote;
Escultura e desenho em osso e dentes de cachalote.
O fascínio que venceu a morte... Mesmo os olhos mais
puros podem contemplá-lo sem remorsos nem temor.

Artist working on a whale tooth; Boat in whalebone;
Sculpture and drawing in whale bone and teeth.
The fascination that conquered death... Even the purest
of eyes may gaze upon it without remorse or fear.

Cultura / Culture

Tear (Fajã dos
Vimes, S. Jorge);
Bordadeira de
Rabo de Peixe
(S. Miguel);
Centro de
Restauro de
Angra.
... Tecendo o
tempo em
bordados de arte
e paciência.

*Spinning (Fajã
of the Vines,
São Jorge);
Embroiderer of
Rabo de Peixe
(Fish's Tail) – São
Miguel; Centre of
Restoration
in Angra.
'... Spinning time
into embroidered
works of art
and patience.'*

Cesteiro de S. Miguel. ◗
Basket maker of São Miguel. ◗

*São Miguel, Vila Franca
do Campo – Potter.
Terceira (Third Island) – The sculptor
Renato Costa e Silva.
Faial – Art in figtree kernel.
'The wheel begins to turn, the spirit
balances and wanders out there
in search of those things.'
(Master José de Sousa Batata, potter,
quoted by Tomaz Vieira).*

S. Miguel, Vila Franca do Campo: Ceramista.
Terceira: O escultor Renato Costa e Silva.
Faial: A arte em miolo de figueira.
«A roda começa a andar, o espírito toma balanço
e vai por aí adiante à procura dessas coisas.»
(Mestre José de Sousa Batata, oleiro, citado por Tomaz Vieira).

Registos do Senhor
Santo Cristo dos Milagres,
Ponta Delgada.
Há o mesmo amor a Deus
ao ajustar a última pedra
no pináculo de uma
catedral como em recortar
uma flor para um registo
do Santo Cristo.

*Registers of Senhor Santo
Cristo dos Milagres (Our
Lord Jesus Christ of the
Miracles), Ponta Delgada
There is the same love for
God in adjusting the last
stone on the pinnacle
of a cathedral as there is in
cutting out a flower
for a register of the
'Santo Cristo'.*

GASTRONOMIA

Gastronomy

Gastronomia

A gastronomia açoriana reflecte ainda três ciclos distintos: o de antes da divulgação das especiarias orientais; o da pimenta de origem africana, que predomina em São Miguel (até passada a primeira metade do século XX muitos trabalhadores aguentaram dias inteiros alimentados a pão de milho e pimenta salgada, que dá facilmente a sensação de saciedade); e o dos condimentos vindos do Oriente, mais generalizados nas ilhas do Grupo Central, provavelmente devido à sua proximidade em relação à Provedoria das Armadas, na cidade de Angra.

Para além da sua originalidade, na cozinha açoriana repetem-se ainda costumes dos primeiros povoadores ou das variadas gentes que contactaram este arquipélago, embora em alguns casos as semelhanças possam ser simples coincidência.

A famosa alcatra da Terceira é provavelmente de origem árabe, trazida nas rotas da Índia, como parece indicar o seu nome («al-qatra» significa «pedaços»), uma vez que é essencialmente constituída por pedaços de carne assada no forno em alguidar de barro. Árabe é também a origem e o nome do seu doce mais característico, o alfenim (de «al-fenil», que quer dizer «branco») feito com açúcar e pequenas quantidades de vinagre, água e manteiga, já muito popular em Portugal no século XV.

Das Canárias, onde «milho» se diz praticamente como em português («millo»), terá chegado o nome que em Santa Maria se dá à farinha de milho torrado (que naquelas ilhas é «gofio» e, nesta, gofe ou gófio). E, se o cuscuz perdeu o nome árabe para na mesma ilha se transformar em papas roladas, é feito de igual modo e de farinha de trigo, podendo ser usado na sopa como massa.

Os molhos, versão também mariense dos maranhos ou molhinhos da Beira Baixa, parecem uma mistura destes e do famoso haggis escocês, mas feitos à base de carne e vísceras de porco e não de carneiro.

E é precisamente a maneira de trabalhar o porco uma das melhores virtudes da cozinha açoriana. Além de alguma galinha, pelas festas mais importantes ou por alturas de parto ou doença, a sua carne era praticamente a única que os mais pobres comiam. São excelentes os enchidos (chouriço – ou linguiça – e morcela) e as alheiras de Santa Maria (a ilha de todas as diferenças e a única onde se as faz, para aproveitamento da cabeça) são tão boas como as melhores do Continente. Para os magníficos torresmos de vinha-de-alhos ou a caçoila, o acompanhamento mais apropriado é o inhame, trazido dos trópicos, com o nome, no século XVI.

Facilmente se percebe que o mar seja fonte de requintados manjares. E nem é preciso chegar às lagostas ou aos seus parentes, os cavacos. Com as humildes lapas pode satisfazer-se o paladar mais exigente – mas sem preconceitos... – seja num molho-afonso, seja com arroz. E as cracas têm tanto de delicioso sabor quanto de estranho aspecto.

O polvo guisado requer uma boca disposta à pimenta, que é também essencial (a igualmente dita malagueta) para a serra assada no forno.

Merece especial referência, e respeitosa deferência, o popular chicharro, o peixe mais abundante e mais barato durante séculos, que resiste com sucesso a todas as experiências, seja frito, assado ou cozido. No primeiro caso o mais apetitoso é o que for temperado com um bom molho de vilão (pimenta vermelha, alho e vinho, fritos em óleo ou azeite), no segundo, o assado na sertã, prodigamente coberto com um molho verde (azeite, salsa e cebola, tudo em cru) e comido com bolo também feito na sertã (farinha de milho com alguma de trigo). Mas quem conseguir ainda uma criatura paciente que lhe asse alguns chicharros, dos mais grados, directamente na brasa, sentirá o sabor exacto que o cheiro do mar parece que anuncia.

Mas todo o peixe é de excelente qualidade. Com uma só espécie, como o congro, ou juntando várias, fazem-se apetitosas caldeiradas, de que cada ilha tem a sua versão. Imita-se o processo da alcatra (de carne), e tem-se a alcatra de peixe. Coze-se um caldo que se mistura ao peixe, com um copo de vinho, e é o caldo de peixe, do Pico.

Entre a terra e o mar duas raridades merecem menção: as nabadas de Santa Maria, preparadas com uma variedade de nabos que só o seu solo, mais seco que o das outras ilhas, é capaz de produzir, e as amêijoas de São Jorge, que existem apenas numa pequena lagoa de água salgada, a Caldeira do Santo Cristo, na fajã do mesmo nome.

Por falta de utensílios de ferro ou de barro, os primeiros povoadores abriam uma cova onde acendiam uma fogueira e, depois de bem aquecida, punham nela a cozer a carne dentro da pele do próprio animal ou numa cabaça, tapando-a com terra e a cinza e as brasas da fogueira. Nos famosos cozidos das Furnas, ou das Caldeiras da Ribeira Grande, que tanto podem ser «à portuguesa» como de bacalhau, o processo não é muito diferente, aproveitando-se as temperaturas de mais de noventa graus da terra à volta das fumarolas e utilizando, em vez de cabaças ou pele, um tacho metido dentro de um saco, ou um saco apenas, o que melhora o sabor.

A respeito de gulodices, duvide-se da imperfeição da condição humana ao saborear uma fatia de massa sovada ou uma carnavalesca malassada. Um fascínio para o paladar. Vulgarizadas, industrializadas, perderam boa parte do encantamento que lhes dava a obrigatoriedade das festas em que a elas havia direito: Páscoa, Espírito Santo, Natal, casamentos e pouco mais, para a massa sovada, e Carnaval, para as malassadas. Mas ainda há quem as faça com o escrúpulo ritual de outros tempos. E cada ilha tem biscoitos à sua maneira, ou guarda os segredos revelados dos conventos onde pouco mais havia em que gastar o tempo sem ser na capela e na cozinha. Em todos os casos, entre ver e desejar não há mais demora que a do pensamento.

Para aumentar o apetite ou ajudar a digestão, experimente-se um delicioso licor de maracujá, de São Miguel, ou arrisque-se uma aguardente da Graciosa. Pelo meio, um vinho também desta ilha, ou do Pico, que já o produziu para o czar de todas as Rússias. E não é de desprezar o dos Biscoitos, da Terceira, que torna as touradas à corda mais perigosas porque facilmente transforma um touro em dois...

Gastronomy

The Azorean gastronomy still reflects three distinct cycles: the cycle before the discovery of oriental spices; the cycle of the pepper of African origin, which predominates in São Miguel (until the passing of the first half of the twentieth-century, many workers endured whole days only fed on bread of maize and salted pepper, which easily gives the sensation of satiation); and the cycle of the spices that came from the East, which were more generalized in the islands of the Central Group, probably due to their proximity to the Purveyor's Office of the Fleets, in the city of Angra.

Besides its originality, in the Azorean kitchen the customs of the first settlers or of the many peoples who came into contact with this archipelago are still repeated, although in some cases the similarities may be simple coincidence.

The famous alcatra or rump from Terceira is probably of Arabic origin, brought in the routes from India, as its name seems to allude ('al-qatra' means 'bits'), since it is basically made up of bits of meat roasted in the oven in a clay pot. Arabic is also the origin and the name of its most characteristic dessert, the sugar paste or alfenim (from 'al-fenil', which means 'white') made of sugar and small quantities of vinegar, water and butter, it is already very popular in Portugal in the fifteenth-century.

From the Canaries, where 'mealie' is said pratically as in Portuguese ('millo'), is where the name which is given to the flour of roasted mealie in Santa Maria (which, in those islands, is 'gofio' and, in this one, gofe or gófio) originated. And, if the couscous lost its Arabic name transforming itself, in the same island, into papas roladas, it is made in the same way and of wheat flour, capable of being used in the soup as a base.

The molhos, a similarly Marian version of the 'maranhos' or light sauces from Beira Baixa, appear to be a mixture of these and of the famous Scottish haggis, but essentially made of meat and pork, not goat, innards.

One of the greatest virtues of Azorean cooking is precisely the way to serve pork. Besides a little chicken, at the most important feasts or at birth-giving and sickness, its meat was practically the only one that the poor ate. The sausages are excellent (chouriço –or linguiça – and morcela) and the alheiras from Santa Maria (the island of all the differences and the only one where they are made, in order to use up the head) are as good as the best from the Continent. As the most appropriate accompaniment to the magnificent cracklings or torresmos de vinha-de-alhos or the caçoila there is the yam, brought from the Tropics, with its name, in the sixteenth-century.

It is easily perceivable that the sea is the source of exquisite meals. And it is not even necessary to come close to the lobsters or to their parents, the 'cavacos'. With the humble limpets or 'lapas', one may satisfy the most demanding of palates – but without any preconceptions... – be it in a molho-afonso, be it with rice. And the barnacles or 'cracas' have as wonderful a taste as they are strange to look at.

The stewed octopus or polvo guisado demands a palate that is used to pepper, which is also essential (the equally called malagueta or red pepper) for the serra assada in the oven.

Worthy of special reference, and respectful deference, is the popular horse mackerel, the fish that was most abundant and cheapest for centuries, that resists with success to all the experiments, be it, fried, baked or boiled. In the first instance, the most appetising is the one which is seasoned with a good 'villain's sauce' or molho de vilão (red pepper, garlic and wine, fried in oil or olive oil), in the second, the baked one in the frying pan, prodigally covered with a 'green sauce' or molho verde (olive oil, parsley, and onion, all raw) and eaten with a cake that is also made in the frying pan (maize flour with some wheat flour). But whomever is able to get someone to grill some horse mackerels, for the more willing, directly on the fire, will feel the exact flavour that the smell of the sea seems to announce.

But all the fish is of excellent quality. With only one species, like the large eel, or combining many, are made tasty stews or caldeiradas, of which each island has its own version. The process of the rump or 'alcatra' (of meat) is imitated, and we have the alcatra of fish. A broth is boiled into which the fish is mixed with a glass of wine, and that is the fish broth or caldo de peixe, of Pico.

Between the earth and the sea two rarities are worth mentioning: the nabadas of Santa Maria, prepared with a variety of turnips that only its soil, drier than that of the other islands, is able to produce, and the clams of São Jorge, that exist only in a small lagoon of salty water, the Caldeira do Santo Cristo, in the fajã of the same name.

Due to a lack of utensils of iron or clay, the first settlers dug up a hole in which they lit up a fire and, after well heated up, would place in it to boil meat inside the skin of the actual animal or inside a gourd, covering it with soil and the ashes and embers of the fire. In the famous cozidos das Furnas, or of the Caldeiras da Ribeira Grande, which can both be 'Portuguese-style' or made of codfish, the process is not very much different, so that the temperatures of more than ninety degrees of the soil around the fumaroles is used and resorting, instead of a gourd or skins, to a pot placed inside a bag or just a bag, which improves the flavour.

With regards to sweet things, the imperfection of the human condition may be doubted when tasting a slice of *massa sovada* or a carnivalesque *malassada*. A great fascination to the palate. Vulgarised, industrialised, they have lost a good part of their enchantment which conferred on them the obligation of the feasts to which they had right: Easter, Holy Ghost, Christmas, weddings and little else, for the *massa sovada*, and Carnival, for the *malassadas*. But there are still those who make them with the ritualistic scruples of other eras. And each island has cookies of their own type, or maintains the revealed secrets of convents, in which little else remained to do to pass the time other than to be in the chapel and in the kitchen. In every case, between seeing and desiring the only delay is in the thinking.

To increase the appetite or to aid digestion, a delicious granadilla liqueur, from São Miguel, should be sampled, or a firewater from Graciosa should be dared. In between, a wine also from this island, or from Pico, which has already produced it for the Czar of all Russias. And that of Biscoitos, from Terceira, should not be overlooked, the one which makes the bullfights more dangerous since it easily transforms a bull into two...

Sopas do Espírito Santo.
«Senhor Espírito Santo
... abençoa... a carne, o vinho e o pão
ofertados em nome da Tua Terceira...»
(Vasco Pereira da Costa).

Soups of the Holy Spirit.
'Our Lord Holy Ghost.
... bless... the meat, the wine and the bread
offered in the name of Your Terceira...'
(Vasco Pereira da Costa).

Queijadas da Graciosa... «A doçura graciosa do teu amor...»
(Victor Rui Dores). ◗

'Queijadas' from Graciosa 'The gracious sweetness of your love...'
(Victor Rui Dores). ◗

... e ensopado de cherne.
«... caldeirada de peixe e de amizade de assinalar calendário.»
(Onésimo Teotónio Almeida). ◗

... and a stew of a turbot-like fish.
'Stew of fish and friendship to signal the calendar.'
(Onésimo Teotónio Almeida). ◗

Peixe na prancha; pimenta
moída, queijo e vinho; pimenta
da terra (malagueta).
«Os ilhéus aprenderam aromas
estranhos gostos na língua
como sabor de mulher.»
(Vasco Pereira da Costa).

*Fish on the plank; crushed
pepper, cheese and wine;
hot pepper form
the land (capsicum).
'The islanders learnt strange
aromas tastes on the tongue like
the taste of a woman.'
(Vasco Pereira da Costa).*

Queijo de São Jorge, um dos dez magníficos de Portugal.
«O senhor Evaristinho Feijó era obrigado a comer, se não quisesse ficar tísico, duas fatias de pão trigo recheadas de manteiga de vaca e de uma grossa fatia de queijo de S. Jorge. Durante muito tempo fiquei a malucar na grande sorte que o ex-seminarista tinha em lhe ter dado um princípio de tísica não galopante. Quem ma dera a mim também...» (Cristóvão de Aguiar).

Cheese from São Jorge, one of Portugal's ten magnificent cheeses.
'Mister Evaristinho Feijó was forced to eat, if he intended not to become tuberculous, two slices of white bread filled with cow's butter and of a thick slice of São Jorge cheese. For a long while I raved on about the great stroke of luck the ex-seminarian had in having had a touch of non-galloping tuberculosis. I wish I had had it too...'
(Cristovão de Aguiar).

◀ Lapas grelhadas, sardinhas assadas e vejas salgadas a secar. «Mais nos vale uma sardinha / comida na nossa aldeia / do que canja de galinha / ou bifes em terra alheia.» (João Plácido, cantador popular).

◀ *Grilled limpets, grilled sardines and salted 'velgas' drying out. 'Rather a sardine / eaten in our village / than a chicken broth / or steaks in foreign lands' (João Plácido – folk singer).*

Flores. «Deus criou, segundo as suas espécies, /.../ todos os seres vivos que se movem nas águas /.../ E Deus viu que isto era bom.» (Génesis).

Flores: 'God created, according to His species, /.../ all living creatures that move in the waters /.../ And God saw that this was fine.' (Genesis).

ARQUITECTURA

Architecture

Arquitectura

A arquitectura açoriana poucas vezes pode surpreender pela grandiosidade, mas raramente será motivo de desilusão – exceptuando os casos de mau gosto – se for olhada com um olhar mais afectivo do que exigente, mais disposto à curiosidade do que à tentação de fazer comparações.

Mesmo os edifícios religiosos que, como em toda a Europa, são uma das marcas mais visíveis, não atingiram o esplendor de alguns dos que foram construídos em territórios coloniais, porque aqui não havia riquezas que a tal bastassem nem gentios a converter. Tendo crescido ao longo do tempo ao ritmo das populações que serviam, muitas das igrejas paroquiais que existem actualmente foram construídas para substituir outras que se haviam tornado exíguas. No final do século XVIII e durante grande parte do XIX, a oportunidade da sua construção ou reconstrução foi favorecida pela riqueza que constituiu para várias ilhas o comércio da laranja, sendo quase todas como que a repetição de um mesmo tema arquitectónico, no qual facilmente se reconhecem influências de um barroco tardio interpretado por mestres pedreiros pouco mais que autodidactas.

Há, no entanto, alguns templos e conventos notáveis, sobretudo os que foram feitos pelos Franciscanos, os religiosos que acompanharam o início do povoamento, e pelos Jesuítas. Chegou mesmo a haver uma espécie de competição entre as duas ordens, como no caso da igreja de São José, em Ponta Delgada, resposta franciscana, em grandeza e sumptuosidade, à igreja jesuíta de Todos os Santos. Esta, construída no século XVII para servir o Colégio, é um edifício barroco que, além de ter ficado incompleto, veio a sofrer muito com as inclemências do tempo e dos homens. Em lenta recuperação, falta-lhe até um altar oferecido, no período final da monarquia, à igreja de Santa Luzia, das Feteiras do Sul, como cumprimento de uma promessa eleitoral.

Em excelente estado de conservação está a igreja, também do Colégio Jesuíta, de Angra, obra do século XVI que reflecte, na opulência da madeira de jacarandá e do oiro abundante, a riqueza da cidade nesse tempo, tendo-lhe sido acrescentados azulejos de Delft no século seguinte. Com a expulsão da Companhia de Portugal, o convento que lhe estava anexo passou a servir como sede da capitania geral dos Açores. Actualmente funcionam nele serviços do Governo Regional. Em contraponto, no alto de uma colina próxima do lugar onde Angra nasceu, o convento e igreja dos Franciscanos dominam a paisagem da cidade e do mar, servindo de museu.

No Faial, era na cidade da Horta que os missionários descansavam a caminho do Brasil, interrompendo por isso a viagem, o que levou à construção de grandes conventos carmelitas e franciscanos, também adaptados a museus, tal como o Colégio Jesuíta, com duzentos metros de fachada, cuja igreja é a actual matriz.

A Sé de Angra, construção filipina iniciada no século XVI, é ainda merecedora de atenção apesar de um incêndio, ocorrido durante a reconstrução posterior ao sismo de 1980, ter destruído a admirável riqueza do seu interior.

Das fortificações erguidas para resistir aos ataques dos piratas e corsários, poucas restam bem conservadas. As mais importantes, porém, estão ainda de pé, como a de Santa Cruz, na Horta, onde funciona uma estalagem, e que foi construída na década de 1560. Em Ponta Delgada, o forte se São Brás, da década anterior e um dos primeiros a dispor de baluartes em Portugal, continua a cumprir o seu destino militar, tal como o de São João Baptista, de Angra do Heroísmo.

Este fora projectado já em 1572, para proteger a cidade que era sede da Provedoria das Armadas desde 1527, mas só começou a ser construído no período filipino, em 1592, tendo sido baptizado como de São Filipe. Possui uma muralha complementar que rodeia todo o monte Brasil, e passou a chamar-se de São João Baptista depois da sua conclusão em 1643, quando já era rei de Portugal D. João IV. Competia-lhe não apenas a defesa de Angra, em conjunto com o forte de São Sebastião, no lado oposto da baía, mas apoiar também a esquadra que patrulhava o mar dos Açores para protecção dos navios que regressavam do Oriente e da América.

Um período curioso da arquitectura açoriana é o que corresponde ao tempo da exportação da laranja, que permitiu a existência de ricas mansões e tem como exemplo mais conhecido o chamado palácio de Santana, actual sede da presidência do Governo Regional, em Ponta Delgada.

A arquitectura popular regista casos interessantes de adaptação ao meio, como as habitações rurais de Santa Maria (de chaminés semelhantes às do Sul de Portugal Continental) ou de algumas zonas da Terceira, principalmente a do Ramo Grande (com as empenas voltadas para a rua como protecção contra o pó habitual do tempo da sua construção). Ou ainda as adegas do Pico (conjunto de adega e habitação sazonal) e a pequena Vila Nova do Corvo, que se integram respeitosamente na paisagem.

Architecture

The Azorean architecture can sometimes astonish due to its grandiosity, but will rarely be a motive for disillusionment – except for the cases of sheer bad taste – if it is regarded in a more affectionate rather than demanding way, more inclined to curiosity than to the temptation to make comparisons.

Even in the religious ediffices which, as in the rest of Europe, are one of the most visible marks, have not attained the splendour of some of the ones which were built in colonial territories, because here the fortunes which might lead to those and the Gentiles about to convert, were lacking. Having grown throughout time at the rhythm of the populations that they served, many of the parish churches that currently exist were constructed to substitute others which had become exiguous. At the end of the eighteenth-century and during the greater part of the nineteenth-century, the opportunity for their construction or reconstruction was favoured by the wealth that the orange trade constituted for many islands, so that almost all are as if a repetition of the same architectonic theme, in which the influences of a late Barroque style are easily discerned, one that was interpreted by master masons that were little more than self-taught.

There are, nevertheless, some notable temples and convents, especially those which were built by the Franciscans, the religious order which accompanied the beginning of the settlement, and by the Jesuits. There was even a kind of competition between the two orders, as was the case with the church in São José, in Ponta Delgada, the Franciscan response, in all grandure and sumptuosity, to the Jesuit church of Todos os Santos. This one, built in the seventeenth-century to serve the College, is a Barroque ediffice which, besides having remained incomplete, came to suffer much with the inclemencies of time and Man. Undergoing a slow recuperation, it even lacks an altar that was offered, during the final period of the monarchy, to the church of Santa Luzia, of the Feteiras do Sul, as fulfillment of an electoral promise.

In excellent state of preservation is the church, also belonging to the Jesuit College, at Angra, a work of the sixteenth-century which reflects, in the opulence of the jacaranda wood and the abundant gold, the wealth of the city at the time, with Delft tiles from the next century having been added to it. With the expulsion of the jesuits from Portugal, the convent that was annexed to it began to act as the headquarters of the general captainship of the Azores. Currently, the services of the Regional Government function from within its premises. As a counterpoint, from the top of a hillock close to the place where Angra originated, the convent and the church of the Franciscans dominated the landscape of the city and of the sea, serving as a museum.

At Faial, it was in the city of Horta that the missionaries rested on the way to Brazil, thus interrupting the trip, which led to the construction of great Carmelite and Franciscan convents, also adapted as museums, just like the Jesuit College, with a two hundred metre facade, whose church is the current mother-church.

The Cathedral of Angra, a Philippine construction begun in the sixteenth-century, is also worth mentioning although a fire, which took place during a reconstruction done after the earthquake of 1980, destroyed the admirable wealth of its interior.

Of the fortifications built to resist the attacks by pirates and corsaries, little remains that is well preserved. The most important, however, are still standing, like that of Santa Cruz, in Horta, where an inn is being run, and which was built in the decade of 1560. In Ponta Delgada, the São Brás fortress, dating from the previous decade and one of the first to dispose of bulwarks in Portugal, continues to serve its military destiny, just like the São João Baptista fortress, in Angra do Heroísmo.

The latter had been planned already in 1572, to protect the city which was the headquarters of the Purveyor's Office of the Fleets since 1527, but it only began to be built in the Phillippine period, in 1592, having been baptised as the São Filipe fortress. It has a complementary enclosure wall which surrounds the whole Brazil hill, and it was renamed the São João Baptist fortress after its conclusion in 1643, when D. João IV was already King of Portugal. It was not only to defend Angra, in conjunction with the fortress of São Sebastião, on the opposite side of the bay, but also to support the squadron that patrolled the sea of the Azores to protect the ships that returned from the East and from America.

A curious period of Azorean architecture is the one which corresponds to the era of orange exports, that permitted the existence of rich mansions and which has as the most well-known example the so-called palace of Santana, the current headquarters of the Presidency of the Regional Government, in Ponta Delgada.

The popular architecture registers interesting cases of adaptation to the environment, like the rural dwellings of Santa Maria (with chimneys similar to the ones in the South of continental Portugal) or of some areas in Terceira, especially the one of Ramo Grande (with its gables turned towards the street as protection against the habitual dust from the time of its construction). Or even the wine cellars in Pico (a combination of wine cellar and seasonal dwelling) and the small village Vila Nova do Corvo, which are quite respectfully integrated into the landscape.

Igreja do Colégio dos Jesuítas, Angra do Heroísmo. «De Évora e Lisboa se espalharam por outros colégios chegando em breve aos Açores.» (J. M. Teixeira Dias).

The Church of the Jesuit College (Igreja do Colégio dos Jesuítas), Angra do Heroismo. 'From Évora and Lisbon they spread to other colleges soon reaching The Azores.' (J.M. Teixeira Dias).

Igreja do Colégio, Sé de Angra e igreja e fortaleza de S. João Baptista. «...pára defronte da Sé, reerguida do sismo, do desmoronamento e do fogo.» (Álamo Oliveira). ◗

The Church of the College (Igreja do Colégio), the Cathedral of Angra (Sé de Angra) and the church and fortress of Saint John the Baptist (S. João Baptista). ◗

Arquitectura / Architecture

Igreja de S. Francisco, Horta. «Estrangeiro em quatro estações / de esquecimento / deixa cair na terra os joelhos das tuas / preces.» (Eduardo Bettencourt Pinto).

The Church of Saint Francis (Igreja de São Francisco), Horta. 'Foreigner in four seasons / of forgetfullness / lets fall on the soil the knees of your / prayers.' (Eduardo Bettencourt Pinto).

Palácio de Sant'Ana, Ponta Delgada. A riqueza da laranja fez barões, solares
e este palacete que hoje serve de sede à presidência do Governo Regional.
*The Palace of Sant'Ana, Ponta Delgada. The wealth of the orange made barons, great
manor houses and this small palace which serves today as the headquarters for the
Presidency of the Regional Government.*

Sala de jantar e corredor
do palácio de Sant'Ana.
O requinte das
influências de uma
Europa como modelo.

*The dining room and
corridor of the Palace
of Sant'Ana. The refined
taste of the influence of
Europe as a model.*

Santa Maria, Malbusca.
Deve haver um povo
(deve haver uma língua)
que diga paz ou casa
quando diz ilha. ▶

*Santa Maria, Malbusca.
There must be a people
(there must be a
language) that mean
peace or home when
they say island.* ▶

Island to Island

Ilha a Ilha

Santa Maria

Aqui começou uma nova era, longe de terra firme, como se dizia dos continentes. Mas firme é esta, erguida sobre altíssimas e negras arribas. Dificilmente se encontrará outra tão variada em apenas noventa e sete quilómetros quadrados de superfície.

É, a Oeste, a ilha dos cheiros intensos, miniatura do Alentejo: da giesta, da macela, do poejo, da murta. E do barro e da cal que não há nas demais. Como não há deste sol, persistente, forte, que dá uma bela e estranha cor de figuras bíblicas aos rostos que queima.

Sobem-se duas centenas de metros, e tudo muda. Já então há serra e já um verde permanente, já então o seu solo não é uma armadura de rocha mal disfarçada por uns dedos de terra, onde se agarram raízes raquíticas tão avidamente como se tivessem consciência do valor da vida, por vezes em ravinas abruptas e vales enigmaticamente profundos, um desperdício de espaço para as torrentes ocasionais que aproveitam neles o caminho aberto, para chegarem ao mar.

Ilha das praias de areia clara, das pequenas baías onde aportaram descobridores e onde se abrigou Colombo, em risco de perder a «Niña» como perdera já a «Santa Maria», e sem saber da «Pinta», que acabaria por fundear em Palos poucas horas depois do almirante, com Pinzón praticamente moribundo de exaustão. E rezou na ermida dos Anjos, que ainda lá está, guardando memórias dele e de piratas que roubaram e açoitaram muita gente. Por isso foram temidos aqueles navegantes, porque não se sabia quem eram.

Ilha para ver devagar. Para sentir devagar. Porque nela o tempo é outro. Santa Maria é o reencontro da paz no meio da força arrebatadora da sua natureza insólita.

São Miguel

O rei convocou a corte e o embaixador do príncipe pretendente, que lhe quer a filha como garantia para um tratado de paz. Mas ela nega-se, porque está enamorada de um pastor. Há quem grite e quem emudeça, conforme os privilégios da hierarquia lhe consentem. O pai manda que a vistam de burel e a fechem na torre mais alta do castelo. A princesa fica quase nua, por momentos. Contemplam-na o êxtase e a vergonha, e o embaixador julga que ela vale bem um reino ou uma guerra.

Esta podia ser uma cena da lenda das Sete Cidades, uma lagoa azul e outra verde, que são as lágrimas da princesa e do pastor, porque eram essas as cores dos seus olhos.

Os vulcões têm destes arrependimentos. Onde tudo foi fogo e destruição há poucos séculos ainda, agora há uma beleza indizível que teima em não caber numa fotografia ou em nenhuma pintura.

O mistério repete-se na lagoa do Fogo, onde se fica com a impressão de que deveria ser assim o Mundo antes de o Homem ter começado a pensar. E volta a acontecer à vista das Furnas, o vale da água e das águas, termais ou minero-medicinais, ferventes umas, outras quase geladas mesmo a seu lado, com os panelões das caldeiras a cozinharem sem descanso o seu caldo arrepiante de lama e enxofre. E na lagoa do Congro, chaminé redonda que o verde, aqui omnipotente, cobre até à beira da água.

Mas São Miguel é muito mais do que isso, como se o Criador tivesse resumido nela o melhor da sua obra. É também a solidez do maciço oriental, das fendas da serra da Tronqueira, onde o pico da Vara anuncia o último instante do chão da ilha. Uma paisagem que impõe o respeito temeroso das coisas perfeitas, que apetece nunca deixar, ou de que logo se quer partir porque nela nos sentimos demasiado expostos à nossa pequenez. Ali aconteceu um dos maiores dramas da vida de Edith Piaf: o campeão de boxe Marcel Cerdan, que ia ao seu encontro em Nova Iorque, era um dos passageiros de um avião que se enganou no caminho.

E é o monte Escuro onde, com a maior parte da ilha abaixo dos nossos pés, volta a sentir-se uma solidão magnífica que nos apanha de surpresa, os campos de golfe como jardins, os parques exóticos do século XIX, as ribeiras de água quente, uma paisagem poupada apesar dos setecentos e quarenta e sete quilómetros quadrados que fazem de São Miguel a maior ilha portuguesa, e que depois de cada curva do caminho, ou do cimo de cada nova colina, nos pode mostrar sempre novidades inesperadas.

Mas a paisagem não é só de ver mas de viver também para os mais de cento e trinta mil habitantes, em povoados pequenos e sossegados, ou em outros buliçosos de pressas modernas em ruas com centenas de anos. E, apesar de a avenida Infante D. Henrique, em Ponta Delgada, ser um longo traço de cimento e pedra que escondeu páginas de história, o progresso não chegou a tempo de destruir todo o passado antes de percebermos como precisamos dele. Por isso, se é possível assistir a ralis em que os pilotos correm para o campeonato dos Açores ou da Europa, ainda se pode, por exemplo, ver uma colorida cavalgada secular em honra de São Pedro – as Cavalhadas da Ribeira Seca da Ribeira Grande.

Terceira

Na Terceira, onde em cerca de quatrocentos quilómetros quadrados vivem perto de cinquenta e seis mil pessoas (sem contar com os militares e outros funcionários americanos da Base das Lajes e suas famílias), o melhor da paisagem talvez seja o que foi feito pela sua gente. Os terceirenses têm o culto da cor e da alegria. A policromia dos seus povoados expressa um estado de espírito colectivo, uma exaltação sensível da vida que não se encontra em nenhuns outros açorianos.

Tendo sido a ilha mais teimosamente portuguesa, a que resistiu sozinha às pretensões de Filipe II ao trono de Portugal, acabou por ser a que mais beneficiou com o seu governo, chegando a parecer que um pouco da alma espanhola foi deixado nela.

A Terceira gosta de festas. E, acima de todas, gosta da «festa» – a brava, dos riscos do redondel ou do divertimento das touradas à corda.

A cidade de Angra, a partir da qual triunfou o liberalismo, mereceu, por causa disso, que o nome lhe fosse acrescentado com a designação «do Heroísmo», como a então Vila da Praia passou a ser «da Vitória», porque perto dela os liberais derrotaram os absolutistas na primeira grande batalha campal da Guerra Civil. A memória da sua importância na defesa da rota das Índias está bem viva ainda na fortificação filipina que era uma das mais formidáveis de todo o Atlântico. Dentro das suas muralhas, depois da proclamação de D. João IV, a guarnição espanhola resistiu aos portugueses durante um ano e, quando se rendeu, os vencedores prestaram homenagem aos vencidos. Gente fidalga, os terceirenses.

Em grande parte destruída pelo sismo de um de Janeiro de 1980, a Angra renascentista limpou as suas formosas ruas que se cruzam verticalmente, repôs as pedras de centenas de edifícios, e recebeu da UNESCO, como reconhecimento da sua harmonia arquitectónica e em honra da História que ancorou no seu porto, a distinção de ser considerada Cidade Património Mundial. Mas toda a ilha é património da Humanidade.

Graciosa

Não é uma miniatura de ilha, mas é quase. Com a beleza e a graça das miniaturas bem feitas. Provavelmente por isso a chamaram Graciosa. Mas há quem pense que o seu baptismo foi em honra da Virgem, a cheia de Graça. Qualquer que seja a verdade, merece o nome.

Apesar de os vulcões se terem apagado há tanto tempo que a sua obra está com certeza completa, há ainda lembranças deles, como as cinzas de uma fogueira, nas fumarolas da baía dos Homiziados e na Furna do Enxofre – onde é possível um temeroso vislumbre das entranhas da Terra – ou nas termas do Carapacho, cujas águas curam doenças do corpo e talvez do espírito.

São sessenta quilómetros quadrados de serras pouco mais altas que colinas e de pequenas planícies que sempre bastaram para alimentar os seus habitantes, que já foram quase dez mil na década de 1950 e, agora, são menos de cinco mil.

(A atracção das sereias da fortuna... Pensando bem, no entanto, talvez houvesse sido melhor para muitos terem-se feito amarrar às suas pedras brancas, como Ulisses ao mastro do seu navio.) Gente que aprecia os prazeres da vida, seja nas longas, breves noites dos bailes de Carnaval, seja no entusiasmo ocasional de uma tourada ou em algum concerto público ou num recital familiar. (Aí por meados do século XX havia na Graciosa um piano por cada cinquenta habitantes.) Gente que não sente a ilha como solidão, que é sentimento que só de fora se pode julgar que existe. Por isso o seu poeta Victor Rui Dores escreveu: «Ilhéu prisioneiro em Lisboa/ fiz-me ao Tejo e rumei às ilhas/ - para o lado de lá de tudo isso.

São Jorge

Se acontecer que se veja alguém apressado em São Jorge, quase de certeza que não é da ilha ou aprendeu longe dela o mau hábito de ter pressa. E pode ser que lhe digam: «Vai devagar, que isso acaba já aí.»

Isso é a ilha, que até nem é das mais pequenas. Da ponta do Topo à dos Rosais, são mais de sessenta quilómetros, praticamente o mesmo que mede São Miguel de Este a Oeste, que é o sentido em que se alongaram estas ilhas, excepto as do Grupo Ocidental, Flores e Corvo. Mas se São Jorge é a ilha do «comprimento demorado» – na definição do poeta continental Carlos Faria, que se apaixonou por ela – é igualmente a da «largura breve». Quatro quilómetros apenas separam as majestosas escarpas do Norte das enseadas do Sul. É quanto basta, no entanto, para os montes subirem até uma altitude que chega a ultrapassar mil metros.

Desta fantasia geológica – uns esguichos de magma apertados por entre os bordos de uma falha tectónica – resultou uma paisagem tão extraordinária que, quando se dá com ela, se esquece tudo o que se tenha visto antes para pensar que aquele é o mais belo pedaço do Mundo. Mas, se era pouca a terra (cerca de duzentos e quarenta quilómetros quadrados) havia que aproveitá-la o melhor possível. Até nos lugares mais remotos podem encontrar-se dóceis vacas, que produzem o leite de que se faz um dos melhores e mais famosos queijos portugueses, ou uma ermida secular.

São Jorge é também a ilha das admiráveis fajãs, nesgas de espaço que lhe foi acrescentado pelo desprendimento de rochas das altíssimas arribas, criando como que uma nova espécie de ilhas – terra rodeada por mar e por montanhas quase intransponíveis. Nem o mais inspirado arquitecto paisagista seria capaz de inventar tal coisa.

É nesta ilha que os Açores são mais arquipélago. Rigorosamente posta no meio dele, de lá se avistam as outras quatro do Grupo Central: a Nordeste, a Graciosa e a Terceira; a Sudoeste, e a distância que um atleta excepcional pode fazer a nado, o Pico e o Faial. No entanto, os jorgenses viveram quase sempre isolados, bastando-se a si mesmos, com uma vida tão fortemente comunitária que bem se poderia dizer que era socialmente familiar. Os novos meios de comunicação romperam esse isolamento, que não impediu ter havido em São Jorge alguns dos mais antigos jornais do arquipélago e preservou uma espantosa cultura secular, sem lhe atrasar o conhecimento da modernidade, mas que manteve a ilha livre da maior parte das epidemias até à primeira gripe em 1891.

Aqui Diógenes não precisaria de acender a sua lanterna para encontrar um homem, nem um apreciador de música de andar muito – em São Jorge há quinze filarmónicas, um sétimo do total do arquipélago, o que é deveras notável para uma população de apenas nove mil habitantes.

Pico

Meu Deus, o Pico!... É uma paixão esta montanha que é uma ilha, esta ilha que é uma montanha.

Os vulcões construíram uma larga plataforma de que restam pouco mais de 433 Km², e empilharam no meio dela, a um ritmo de dez metros por milénio, rochas sobre rochas até atingirem uma altitude de 2351, a maior de Portugal.

A montanha é o cenário de um espectáculo quotidiano de vertiginosos jogo de luz e sombra, de nuvens que a rodeiam como auréolas, que se detêm sobre o seu cume ou que a escondem totalmente. No Inverno, essas sessões diárias são ainda mais requintadas, quando a neve assume o papel principal. E, muito antes dos boletins meteorológicos científicos, já as gentes do Pico liam na aparência da montanha a previsão do tempo.

Povoar esta ilha, que é a mais recente do arquipélago, foi uma aventura e um risco como em nenhuma outra. O solo cultivável tem características mais de invenção que de descoberta. Os muros que dividem e protegem os terrenos agrícolas libertaram de incontáveis pedras o chão necessário. E, como não foi possível equilibrá-las todas em linhas ordenadas, muitas foram amontoadas, formando pequenas colinas, os «maroiços», para ocuparem menos espaço. (Se fossem postas em linha recta no Equador, seriam suficientes para dar duas voltas à Terra.) O resultado é uma paisagem arrebatadora, tão selvagem quanto civilizada, mas capaz de produzir o melhor vinho destas ilhas, de vinhas plantadas em cada buraco entre as pedras onde caiba uma cepa, o que fizeram pela primeira vez os frades franciscanos em 1493.

A fruta e o queijo do Pico são também dos melhores, e a ilha, excepto em anos de calamidade, sempre deu para alimentar os seus habitantes, que já foram o dobro dos actuais menos de quinze mil, a quem ainda sobrava muito para vender no Faial.

Além disso, há o mar, aquele mar dos destemidos baleeiros e de inestimável abundância, que até fornece para vários usos a sua água, filtrada pelas rochas quando a maré sobe e ela enche os «poços de maré». Aquele mar tão esplêndido quando é visto do miradoiro da Terra Alta, um despenhadeiro vertical de quatrocentos e quinze metros, a melhor varanda para ver São Jorge no outro lado do canal. Porque, como se não bastasse ao Pico ser o Pico, ele goza ainda da visão tão próxima daquela ilha e do Faial. Mas é também ele mesmo a mais grandiosa paisagem de que desfrutam ambas.

Faial

«Chamar-te adormecida? A bela?»

«... as classes sociais diluídas no inglês polícromo dos iates, no generoso gin do Peter. O cosmopolitismo urdindo um certo rosto liberal, mas tão-só. Os turistas afogam-se no azul das hortênsias. E depois? Quem nos acode? A fruta do Pico tem já um internacional sabor a plástico.»

É assim que a Horta é dita por Urbano Bettencourt, poeta da ilha em frente, a da «montanha emboscada na sua teia de nuvens», a quatro milhas mal medidas de distância.

A Horta foi ela mesma e outros mundos. Nasceu portuguesa e flamenga, da imaginação e da vontade de Josse van Hurtere, senhor do Faial por mercê do infante D. Fernando, de quem a formosa vila do século XV também terá recebido o nome. Foi porto de paragem e aguada para os navios da América, descanso de marinheiros que andavam à ventura e desventura dos sete mares, repouso de missionários que iam para o Brasil ganhar o Céu para as suas e outras almas. Ligou pelo telégrafo as duas margens do Atlântico, abasteceu de carvão os barcos a vapor, estreou o correio aéreo trazido num avião da Pan American que amarou na sua baía. Acolhe a maior parte dos veleiros que percorrem estas velhas rotas e recebe no Café Sport – o «Peter» – os seus tripulantes, que fazem dos paredões da marina um enorme painel onde deixam pintado o registo da sua passagem.

É na cidade da Horta que está o parlamento açoriano e que vive quase metade dos quinze mil e quinhentos habitantes da ilha, que falam talvez o mais belo português de Portugal, apesar de terem sido flamengos muitos dos primeiros povoadores.

Quem acredita que havia alguma exactidão nos portulanos do século XIV identifica o Faial como a ilha da Ventura. Provavelmente não o será de facto, mas poderia ter justificado o nome tanto quanto este que recebeu pela abundância de faias que havia nela. Também é conhecida por Ilha Azul, a cor das hortênsias que ornamentam caminhos e servem para dividir pastagens e terrenos agrícolas, como longas pinceladas na suave paisagem que sobe desde o mar até mais de mil metros de altitude, nos limites de uma impressionante cratera, a Caldeira. Os seus 172 km² de superfície foram ligeiramente acrescentados pelo vulcão dos Capelinhos, onde pode assistir-se à tenacidade com que a vegetação pioneira começa a conquista dos solos vulcânicos.

O Faial é o vértice de um triângulo que se completa com o Pico e São Jorge. Uma beleza alucinante a que ninguém fica insensível.

Flores

E agora as Flores?... É preciso dizer outra vez deslumbramento e fascínio, maravilha ou paixão... É preciso ter os sentidos preparados para o imprevisível, os sentimentos ainda capazes de esperar o inesperado... Esta ilha seria um dos piores lugares do Mundo para se perder a visão – ou um dos melhores, para quem pudesse viver de recordações.

Lagoas no fundo dos precipícios das crateras, reflectindo o verde das chaminés vulcânicas esculpidas a fogo. Montanhas que de repente tombam numa queda abrupta. Ribeiras que se atiram em vertiginosas cataratas. Cento e quarenta e três quilómetros quadrados onde se repete o que há de mais belo em cada uma das outras ilhas, como se elas fossem os esboços de um artista em busca da perfeição.

Aqui, acaba-se a Europa a Ocidente. A ilha das Flores é o seu último espaço habitado, o ilhéu de Monchique o seu último recife. Mas a regra foi a mesma: dos oito mil habitantes de meados do século XX, restava metade em 2001. Muitos não resistiram à sedução das «Califórnias perdidas de abundância» - como escreveu Pedro da Silveira num poema em que disse, quase definitivamente, o que é ser ilha e desejar o Mundo.

Corvo

Ter nascido no Corvo é um privilégio. Em cinco séculos de povoamento, não terão vivido nesta ilha mais do que umas três mil pessoas. Os seus nomes caberiam todos em meia dúzia de folhas de papel, e não seria difícil conhecê-los um a um.

São pouco mais de dezassete quilómetros quadrados onde, no entanto, há espaço para terra de pão e de paisagem, e de dois cumes montanhosos que foram cone de vulcão, um de 550 metros de altitude, o outro de 729, com duas lagoas no fundo – o Caldeirão – que têm pelo meio umas pequenas ilhotas em que há quem consiga ver a representação das nove ilhas dos Açores.

Talvez cause estranheza a linguagem serena com que os corvinos - que são pouco mais de quatrocentos residentes no único povoado da ilha – são capazes de falar da vida e do Mundo com admirável sabedoria. Mas um dos seus hábitos mais antigos é a leitura, pela qual venciam todas as distâncias e afastavam todos os fantasmas de um isolamento que, visto de fora, parece assustador. Mas não é. Apesar de o Corvo ser a ilha absoluta.

Island to Island

Santa Maria

Here a new era was begun, far from solid ground, as was said of the continents. But solid is this island, erected above extremely high and black ravines. With great difficulty will one find another of such variety in only ninety seven square kilometres of surface.

It is, on the West, the island of intense smells, a miniature of Alentejo: of genista, of camomile, of the pennyroyal, of myrtle. And of the clay and of the lime that is not to be found elsewhere. As is this sun, persistent and strong, one which gives a beautiful and strange colour reminiscent of biblical figures to the faces it burns.

One ascends two hundred metres, and everything changes. There, there is a range of mountains and a permanent green, there the soil is not an armour of rock badly disguised by a few fingers of soil, where rachitic roots avidly cling as if they had the notion of the value of life, sometimes along abrupt ravine and enigmatically profound valleys, a waste of space for the occasional torrents which therein take advantage of the open path, to reach the sea.

An island of light-sanded beaches, of small bays where the discoverers landed and in which Colombus took refuge, at the risk of losing the 'Niña' just as he had lost 'Santa Maria', and without knowledge of 'Pinta', which would end up sinking in Palos a few hours after the flagship, with Pnizón pratically dying of exhaustion. And he prayed at the small chapel at Anjos, which is still there, guarding memories of him and of the pirates that robbed and flogged many people. As a result, those sailors were feared, since no-one knew who they were. An island to see slowly. To feel slowly. For here, time is of a different kind. Santa Maria is the new meeting of peace in the midst of the devastating force of its own unknown nature.

São Miguel

The King summoned the Court and the Ambassador of the Prince Regent, who demands his daughter as guarantee for the peace treaty. But she refuses, since she is enamoured by a shepherd. There are those who shout out and those who are rendered speechless, according to the privileges conferred to them by hierarchy. The father demands that she be dressed in a nun's habit and that she be locked in the highest tower of the castle. The princess remains almost naked, for a while. Ectasy and shame face her, and the ambassador thinks that she is worth a whole kingdom or even a war.

This could be a scene from the legend of the Sete Cidades, a blue lagoon and another green one, which represent the tears of the princess and of the shepherd, since these were the colours of their eyes.

The vulcanoes suffer from this type of regret. Where everything was once fire and destruction, now there is an inexpressible beauty which insists in not being framed by a photograph or in any painting.

The mystery is repeated along the Fogo lagoon, where one gets the impression that the World should have been thus before Man began to think. And this happens again at the sight of the Furnas, the valley of water and of the waters, thermal or mineral-medicinal, some boiling, the others right next to them almost frozen, with the cauldrons of the 'caldeiras', unceasingly cooking their creepy broth of mud and sulphur. And in the lagoon of Congro, a round chimney that the green, here omnipotent, covers up to the edge of the water.

But São Miguel is so much more than this, as if the Creator had resumed in it the best of His work. It is also the solidity of the oriental massif, of the crevices in the mountain range of the Tronqueira, where the summit of Vara announces the last instant of the island floor. A landscape that demands the fearful respect of perfect things, that one never wishes to leave, or from where one wants to leave immediately because in it one feels overly exposed to one's own minuteness. Here was to happen one of the biggest dramas in the life of Edith Piaf: the boxing champion, Marcel Cerdan, who was coming to meet her in New York, was one of the passengers in a plane which missed its course.

And it is on the Escuro hill where, with the greatest part of the island at our feet, that one comes to feel once more a magnificent loneliness that catches one by surprise, the golf fields that look like gardens, the exotic parks dating from the nineteenth-century, the rivulets of hot water, a spared landscape despite the

seven hundred and forty seven square kilometres that make São Miguel the biggest Portuguese island, and which after each curve on the way, or from the top of each new hillock, is always able to reveal unexpected surprises.

But the landscape is not only visible but it is inhabitable by the more than one hundred and thirty thousand inhabitants, in small and calm settlements, or in others that are more bustling, filled with the modern rush of streets of hundreds of years. And, despite the Infante D. Henrique Avenue, in Ponta Delgada, being a long stretch of cement and stone that hides pages of history, progress has not come in time to destroy the whole past before one understands how one needs it. Thus, if it is possible to watch rallies in which the pilots run for the championships of the Azores or of Europe, one is still nevertheless able to watch a colourful secular cavalcade in honour of Saint Peter – the Cavalhadas da Ribeira Seca of Ribeira Grande.

Terceira

In Terceira, where in approximately four hundred square kilometres almost fifty-six thousand (without counting the military and other American workers of the Base of Lajes and their families) people live, the best part of the landscape might be what was made by its people. The people from Terceira have the cult of colour and of joy. The polychromy of their settlements expresses a collective spirit, a sensitive exhaltation of life that is not found anywhere else in other Azoreans.

Having assumed itself as the most stubbornly Portuguese of the islands, the one which alone resisted the pretensions of Filipe II to the throne of Portugal, it ended up being the one which most benefited from his government, so that it seems that a little of the Spanish soul may have remained in it.

Terceira loves feasts. And, above all others, it loves the 'feast' – the wild one, of the danger of the bullring or of the enjoyment of the bullfights.

The city of Angra, from which Liberalism triumphed, deserved, as a result, that the name with the designation 'of Heroism' be added to it, just like the then Vila da Praia ended up being known as 'of Victory', since near it the liberals defeated the absolutists in the first field battle of the Civil War. The memory of its importance in the defence of the route to the Indies is recollected vividly still in the Phillippine fortification that was one of the most formidable in the whole Atlantic. Inside its enclosure walls, after the proclamation of D. João IV, the Spanish garrison withstood the Portuguese for a period of one year and, when it surrendered, the conquerors paid homage to the conquered. Noble people, the people from Terceira.

For the large part destroyed by the earthquake on the first of January of 1980, the Angra of the Renaissance era cleaned its lovely streets which cross vertically, repositioned the stones of hundreds of tens of eddifices and received from UNESCO, in recognition of its architectonic harmony and in honour of the History that anchored at its port, the distinction of being considered a World Patrimony City. But the whole island is patrimony of the entire Humanity.

Graciosa

It is not an island in miniature, but is almost. With the beauty and the grace of well-made miniatures. Probably that is why it was called Graciosa. But there are those who think its baptism was in honour of the Virgin, filled with Grace. Whatever the truth, it deserves its name.

Although the vulcanoes have dwindled off so long ago that their work is surely over, there are still memories of them, like the ashes of fire, in the fumaroles of the bay of Homiziados and in the Furna do Enxofre – where a fearful glimpse of the Earth's entrails is possible – or at the thermal baths of Carapacho, the waters of which cure illnesses of body and even maybe of spirit.

It is sixty square kilometres of mountain ranges that are only a little taller than the hillocks and the little plains that have always been able to feed its inhabitants, which almost reached ten thousand in the decade of 1950 and, which now, are less than five thousand. (The attraction of the mermaids of fortune... Conversely, however, it would have been better for many to have tied themselves up to its white rocks, just like Ulysses to the mast of his ship). People who appreciate the pleasures of life, be it in the long, short nights of the Carnival balls, be it in the occasional enthusiasm of a bullfight or in any public concert or in a family recital. (Around the middle of the twentieth-century there was in Graciosa one piano per every fifty inhabitants). People who do not regard the island as lonelyness, which is a feeling that only those from the exterior, believe exist. Thus its poet Victor Rui Dores wrote: 'An islander prisioner in Lisbon/I headed towards the Tagus and towards the islands/ - towards the other side of all that'.

São Jorge

If it so happens that someone in a rush is seen in São Jorge, he is definitelty not from the island or he has learnt the habit of rushing very far away from it. And someone might say to him: 'Go slowly, it all ends soon.'

It is the island, which is not even one of the smallest ones.From the one end from the Topo to the one of the Rosais, it is more than sixty kilometres, which is pratically what São Miguel measures from East to West, such is the way these islands have become elongated, except the ones of the Western Group, Flores and Corvo. But if São Jorge is the island of the 'drawn-out length' – according to the definition of the continental poet Carlos Faria, who fell in love with it – it is equally the one of the 'brief width'. A mere four kilometres separate the majestic escarpment of the North from the creek of the South. That is what is sufficient, nevertheless, for the hills to climb up to an altitude that surpasses a thousand metres.

From this geological fantasy – a few jets of magma squeezed in between the edges of a tectonic fault – resulted such an extraordinary landscape that, when you come across it, all that was seen before is forgotten, to think that this is the most beautiful place in the World. But, if the land was scarce (about two hundred and forty square kilometres) there was the need to make the best of it. Even in the most remote of places, one may find docile cows, which produce the milk that is made into one of the best and the most famous Portuguese cheeses, or a small secular chapel.

São Jorge is also the island of the admirable fajãs, bits of space that was added by the loosening of rocks from the extremely high ravines, creating as if a new kind of island – soil surrounded by sea and by mountains that are almost impassable. Not even the most inspired landscape architect would be able to invent such a thing.

It is on this island that the Azores are so much more an archipelago. Rigorously placed in the middle of it, from there one can see the other four islands of the Central Group: to the SouthWest, Graciosa and Terceira; to the SouthEast, and at a distance that an exceptional athlete might swim, Pico and Faial. Nonetheless, the people from São Jorge have always lived isolated, self-sufficiently, with a life that is so community-driven that it could be said to be socially familiar. The new means of communication have torn open this isolation, which did not impede São Jorge from having some of the oldest newspapers of the archipelago and preserving an amazing secular culture, without retarding its knowledge of modernity, but which kept the island for the most part free of epidemics until the first cold in 1891.

Here Diogenes would not need to light up a lantern to find a man, nor would a lover of music have to walk far – in São Jorge there are fifteen philarmonics, a seventh of the total archipelago, which is really notable for a population of only nine thousand inhabitants.

Pico

My God, Pico!...This passion is a mountain which is an island, this island that is a mountain.

The vulcanoes have built up a platform of which remains little more than 433 square kilometres, and have piled in its midst, at a rhythm of ten metres per millenium, massive rocks above massive rocks until they reach an altitude of 2351, the highest in Portugal.

The mountain is the scenario of a daily spectacle of the vertiginous play of light and shadow, of clouds that surround it like aureolas, which stop above its tip or which hide it totally. In Winter, these daily sessions are even more refined, when the snow assumes the principal role. And, much before the scientific meteorological bulletins, already people in Pico forecast the weather by reading the appearance of the mountain.

Populating this island, which is the most recent of the archipelago, was an adventure and a risk like in no other. The arable soil has characterisitcs that were largely more invented than discovered. The walls that divide and protect the agricultural fields freed of innumerous stones the necessary ground. And, as it was not possible to balance them all in orderly lines, many were mounted up on top of one another, to rise, forming little hills, the 'maroiços', to occupy less space. (If they were placed in a straight line along the Equator, they would be enough to go round the Earth twice). The result is a ravishing landscape, as wild as it is civilized, but able of producing the best wine of these islands, from vines planted in each hole between the stones where a vineplant might fit, which is what the Franciscan monks did for the first time in 1493.

The fruit and the cheese of Pico are also the best, and the island, except in years of calamity, has always provided enough to feed its inhabitants, which have already been double the current figure of fifteen thousand, for whom a lot remained to sell in Faial.

Besides that, there is the sea, the sea of the fearless whalers and of inestimable abundance, which even supplies for many uses its water, filtered by the rocks when the tide rises and it fills up the 'wells of tide'. That sea that is as splendid as can be seen from the Terra Alta belvedere, a vertical precipice of four hundred and fifteen metres, the best balcony to see São Jorge from the other side of the channel. For, as if it is not enough for Pico to be Pico, it enjoys still the so close vision of that island and of Faial. But it is also the most spectacular landscape both islands enjoy.

Faial

'Call you sleeping? The beauty?'

'...the social classes diluted in the English polychrome of yachts, in Peter's generous gin. The cosmopolitanism warped a certain liberal face, but just. The tourists drowned in the blue of the hydrangeas. And afterwards? Who rescues us? The fruit of Pico already has the international flavour of plastic.'

This is how Horta is recalled by Urbano Bettecourt, a poet of the island in front, the one of the 'mountain ambushed in the web of clouds', at four miles, badly measured, of distance.

Horta was itself and other worlds. It was born Portuguese and Flemish, of the imagination and the will of Josse van Hurtere, master of Faial thanks to Prince D. Fernando, from whom the lovely village will have received the name in the fifteenth-century. It was a port of stopping and watering for the ships of America, a resting point for sailors who wandered according to the chance and misfortune of the seven seas, a refuge for missionaries who were going to Brazil to guarantee Heaven for their and others' souls. It connected by telegraph the two margins of the Atlantic, it supplied steamboats with coal, it inaugurated the airmail brought by a Pan American plane that landed on its bay. It receives the best part of the sailing boats that go through these old routes and it welcomes at the Café Sport – the 'Peter'- their crews, who turn the breakwater of the dock into an enormous panel where the register of their passing is imprinted.

It is in the city of Horta that the Azorean parliament is situated and where lives almost half of the fifteen thousand five hundred inhabitants of the island, who speak the most beautiful Portuguese of Portugal, despite many of the first settlers having been Flemish.

Whoever believes that there was some precision in the harbourers of the fourteenth-century who identify Faial as the island of Venture. Probably it is not truly, but this might have justified the name as much as the one it received due to the abundance of the 'faias' (beech trees) that there existed in it. It is also known as the Blue Island, the colour of the hydrangeas that decorate the paths and serve to divide the pastures and the agricultural fields, like long brush strokes in the soft landscape that rises up to the sea to an altitude of more than a thousand metres high, to the limits of an impressive crater, the Caldeira. Its 172 km² of surface were slightly added on by the vulcano of the Capelinhos, where one can witness the tenacity with which the pioneer vegetation begins the conquest of vulcanic soils.

Faial is the vertex of a triangle that is completed by Pico and São Jorge. A dazzling beauty to which no-one remains insensitive.

Flores

And what about Flores?... It is mandatory to say once more astonishment and fascination, marvel or passion... It is mandatory to have all the senses ready for the unpredictable, the feelings still able to expect the unexpected... This island would be one of the worst places in the World to lose one's sight – or one of the best, for those who could live on memories.

Lagoons at the bottom of the precipices of craters, reflecting the green of the vulcanic chimneys sculptured by fire. Mountains that suddenly fall to an abrupt end. Rivulets that are thrown into vertiginous waterfalls. One hundred and forty-three square kilometres wherein what there is of the utmost beauty on each of the other islands is repeated here, as if the sketches of an artist in search of perfection.

Here, ends Europe to the West. The island of Flores is its last inhabited place, the islet of Monchique its last reef. But the rule was the same: of the eight thousand inhabitants around the middle of the twentieth-century, only half remained in 2001. Many failed to withstand the seduction of the 'lost Californias of abundance' – as was written by Pedro da Silveira in a poem in which he stated, almost definitively, what it is to be island and yearn for the World.

Corvo

To be born on this island is a privilege. In the five centuries of settlements, not more than three thousand people will have lived on this island. Their names would all fit on half a dozen sheets of paper, and it would not be difficult to know them all one by one.

It is little more than seventeen square kilometres where, nonetheless, there is space for a land of bread and landscape, and of two mountainous summits that were volcano's cones, one at 550 metres in altitude, the other at 729, with two lagoons at the bottom – the Caldeirão – which has in the middle some small islets in which there are those who can discern the representation of the nine islands of the Azores.

It might cause a strange feeling that the serene language with which the inhabitants of Corvo – who are a little more than four hundred residents in the only populated village on the island – are able to speak of life and the World with admirable wisdom. But one of their oldest habits is reading, through which they conquered all the distances and dispersed all the ghosts of an isolation that, seen from the outside, seems frightening. But it is not. Despite Corvo being the absolute island.

Ponta do Castelo, Santa Maria (Farol de Gonçalo Velho). «Um chicote de luz na noite. Um afago nas estrelas. Um reflexo no mar. Um vagalhão se desfaz. Um sinal no rochedo. Um grito de silêncio. Um navio se afasta...» (Jorge do Nascimento Cabral).

Ponta do Castelo, Santa Maria (The Lighthouse of Gonçalo Velho). 'A whip of light in the night. A caress in the stars. A reflection on the sea. A breaker disintegrates. A signal on the cliff. A scream of silence. A ship that floats away...' (Jorge do Nascimento Cabral).

Vila do Porto, Santa Maria: Igreja de Nª. Sª. da Assunção. ◗

Vila do Porto, Santa Maria – The Church of Our Lady of the Assumption (Igreja de Nossa Senhora da Assunção). ◗

Praia (Santa Maria).
The beach (Santa Maria).

Santa Maria. Lagoinhas; ermida
da Conceição ou de Santa Luzia
(na qual, em tempos passados,
alguém terá escrito: «Mesmo que
a cal chegue a um real a fanga, não
deixe de se caiar esta igreja.»); igreja de
Nª. Sª. da Purificação, em Santo Espírito.

S. Lourenço (Santa Maria).
«A ilha acaba numa canção de embalar.
Ondas tranquilas seduzem os forasteiros
e enfeitiçam os que se prendem à terra.»
(Sara Sá).

*São Lourenço (Santa Maria). 'The island ends in a lullaby song.
Tranquil waves seduce the foreigners and enchant those
who become attached to the land' (Sara Sá).*

*Santa Maria – Little lagoons; The small chapel of Conceição or of Santa Luzia
(on which, in times gone by, someone will have written: 'Even if the limestone
cames to a royal bushel, fail not to whitewash in this church'; the church
of Our Lady of the Purification (Igreja de Nossa Senhora da Purificação), in Santo Espírito.*

Ponta Delgada: Câmara Municipal; Marina.
Ponta Delgada – Municipal Hall; Marine.

Estátua do Arcanjo S. Miguel.
Statue of the Archangel Saint Michael.

◀◀ Ponta Delgada, Portas da Cidade.
◀◀ *Ponta Delgada, Gates of the City.*

Ilha a Ilha / Island to Island

S. Miguel, Livramento (Solar das Necessidades). «Ilha verde que trago na lembrança.
Parques feéricos e jardins do meu sonho.» (Victor Rui Dores).

São Miguel, Liberation (the Manor house of the 'Necessidades').
'Verdant island that I hold in memory.
Fairy-like parks and gardens of my dreams.' (Victor Rui Dores).

S. Miguel: Igreja de S. Roque. «Peço a Deus que em mim segure / A crença de O venerar /
Sem me exigir que O procure / Onde alguém O quis fechar.» (João Teixeira de Medeiros, poeta popular).
«Deus vos salve, casa santa, / Cheia de luz e amor.» (De um cântico dos romeiros da Maia.) ▶

São Miguel – The Church of São Roque. 'May God im me secure / The belief with which to venerate Him /
Without demanding that I seek Him / Where someone wanted to keep Him.' (João Teixeira de Medeiros – a poet
of the people). 'May God save you, holy house, / Full of light and love.' (From a hymn by the pilgrims of Maia). ▶

São Miguel - North Coast.
'It is between the sky and the sea that the sun dies out
the instant suspended.'
(Emanuel Félix).

S. Miguel: Costa Norte.
«É entre o céu e o mar que o sol se extingue
O instante suspenso.»
(Emanuel Félix).

Açores 142

P. 144/145. Angra do Heroismo (Terceira- Third Island). '...a dense Angra, white and levelled within the lap of the landscape /.../ like a brightly coloured embroidery...' (João de Melo).

Pág. 144 e 145: Angra do Heroísmo (Terceira). «...uma Angra densa, branca e alinhada no colo da paisagem /.../ como um bordado garrido...» (João de Melo).

S. Miguel: Farol da ponta do Arnel. «Farol, faroleiro, quem és tu? Sou olheiro no eterno raio de uma circunferência, que gira, gira, sempre a girar. Sou eu que digo: está aqui uma ilha, que segura o mar...» (Jorge do Nascimento Cabral).

São Miguel – The Lighthouse of the point of Arnel. 'Lighthouse keeper, lighthouse keeper, who are you? I am overseer in the eternal ray of a circumference, that turns, turns, always turning. It is I that says: here is an island, that secures the sea...' (Jorge do Nascimento Cabral).

Angra do Heroísmo: As varandas como arte;
Palácio dos Capitães Generais; Rua antiga; Praça Velha;
Casa onde viveu Fernando Pessoa.
«Poderia chamar-te a ilha dos monumentos
e dos cronistas, tu que és a mais histórica destas
históricas ilhas.» (Victor Rui Dores).

Angra do Heroismo – The varandas like art;
the Palace of the Captain Generals (Palácio dos
Capitães Generais); an old road; Old Square (Praça
Velha); The house where Fernando Pessoa lived.
'I could call you the island of monuments and of
chroniclers, you that are the most historical of these
historical islands.' (Victor Rui Dores).

Terceira:
Ilhéu das Cabras;
Porto de S. Mateus.

«Cerca-se um homem
(ou a verdade)
de descrença e nuvens
– uma ilha num mar de
    humanidade.»
(Vasco Pereira da Costa).

«...balançamos leves
e pesamos por dentro
    o enjoo
do ar pesado.»
(Santos Barros).

*Terceira (Third Island) – Islet of the Goats (Ilhéu das Cabras),
Port of São Mateus (Porto de São Mateus).*

*'A man surrounds himself
(or the truth)
of disbelief and clouds
an island in a sea of humanity.'
(Vasco Pereira da Costa).*

*'...we balanced lightly
and weighed inside the nausea
of the hefty air.'
(Santos Barros).*

Graciosa. Para um barco, o melhor vento é o que sopra de popa;
para um moinho, o que ele encara de frente.

Graciosa. For a boat, the best wind is that which blows
from the back; for a windmill, that which is faced full front.

Santa Cruz da Graciosa
«Como Ulisses recuso a surdez:
ergo do chão a vara poupada
pelo fogo,
a ela me prenderei enquanto vogo
de costa a costa
de ilha a ilha.»
(Urbano Bettencourt).

Santa Cruz da Graciosa.
'Like Ulysses I refues deafness:
I raise from the floor the rod saved
by the fire,
to her I shall bound myself while I float
from coast to coast
from island to island.'
(Urbano Bettencourt).

Graciosa: Ermida de Nª. Sª. da Ajuda;
Entrada da Praia; Ilhéu da Baleia e ponta da Barca.
«...mas a memória do mar / far-nos-á lembrar /
que é convenção / a linha do horizonte...»
(Emanuel Jorge Botelho).

Graciosa – the small chapel of Our Lady of Aid (Ermida
de Nossa Senhora da Ajuda); Entrance to the beach; Islet
of the Whale (Ilhéu da Baleia) and the peak of the Barca.
'...but the memory of the sea / will make us recollect /
that coventional is / the line of the horizon...'
(Emanuel Jorge botelho).

São Jorge: Velas; Igreja de Santa Bárbara, nas Manadas.
«Olha em toda a sua volta / montanhas e precipícios; /
debaixo, a terra a tremer, / por cima nuvens a pique.»
(Adelaide Freitas). ◗

São Jorge – Candles; the Chruch of Saint Barbara
(Igreja de Santa Barbara), in Manadas.
'Look all around you / mountains and precipices, /
beneath, the land trembles, / above clouds sheering down.'
(Adelaide Freitas). ◗

São Jorge. As ligações aéreas e marítimas são agora frequentes e seguras. Mas, há poucas décadas ainda,
podia dizer-se, desta e de outras ilhas, o que Pedro da Silveira disse da sua, as Flores:
«Quando o vapor chega / é como se fosse dia santo na ilha / – o dia de San Vapor...»

São Jorge. The air and maritime connections are frequent and safe. But up until a few decades ago,
one could say, of this and of other islands, what Pedro da Silveira said about his island, Flores:
'When the vapour comes / it is as if it were a holy day on the island / - the day of San Vapor...'

São Jorge: Topo; Solar e capela de Santa Rita; Fajã dos Cubres. «Nenhuma altitude nos tira do pé do mar.» (Carlos Faria).

São Jorge – The summit; the Manor house and the chapel of Santa Rita; Fajã of the Cubres. 'No altitude moves us away from the sea.' (Carlos Faria).

S. Jorge, Topo. «...você... que franciscanamente chama irmão a um burro, a ponto de tirar uma fotografia com ele...» (Onésimo Teotónio Almeida). ▸

São Jorge, the summit. '...you... like a Franciscan monk, call a donkey a brother, to the point of taking a photograph with it...' (Onésimo Teotónio Almeida). ▸

Pág. 158 e 159: Pico Portugal mais perto do céu.

P. 158/159: Pico Portugal, closer to the sky.

Ilha a Ilha / Island to Island

Faial: Observatório Príncipe Alberto
e registo sismográfico do sismo de 1980.
«Mendigos das estrelas, / famintos uns dos outros, /
com passaporte para a vida / depois de mortos...»
(João Luís de Medeiros).

*Faial – The Prince Albert Observatory
(Observatório Príncipe Alberto) and the
seismographic register of the 1980 earthquake.
'Beggars of the stars, / starved of each other, /
with a passport to life / after being dead...'
(Joaõ Luís de Medeiros).*

Horta: Museu de Arte Sacra.
«Hoje senti saudades de Deus –
do Deus da minha infância.» (Fernando Aires). ◗

*The Museum of Sacred Art
(Museu de Arte Sacra).
'Today I missed God – the God
of my childhood.' (Fernando Aires).* ◗

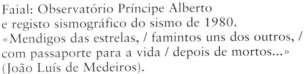

Pág. 162 e 163 Horta: «A quietude antecipando a noite
nos barcos da baía.». (Urbano Bettencourt).

*P. 162/163. Horta – 'The quietude anticipating
the night on the boats of the bay.' (Urbano Bettencourt).*

◀ Faial. «A superstição manda que cada velejador proceda a uma pintura para proteger a viagem de regresso. Por isso, a marina transformou-se numa verdadeira galeria de arte.» (Victor Rui Dores).

◀ *Faial. 'Superstition ordains that each sailor proceeds with a painting to protect the return voyage. Therefore, the marine has been transformed into a veritable art gallery.' (Victor Rui Dores).*

Horta: Azulejos; Uma das salas da Sociedade Amor da Pátria, onde começou a funcionar a Assembleia Regional dos Açores.

Horta – Tiles; one of the rooms of the Sociedade Amor da Pátria, where the Regional Assembly of The Azores began to operate.

Ilha a Ilha / Island to Island

Flores: Lagoas Funda e Rasa
«E tudo tem um ar recém-nascido / tão
puro e intacto / como o Primeiro Dia!»
(Madalena Férin).

*Flores – Deep and Shallow Lagoons
(Lagoas Funda e Rasa). 'And everything
has the air of a newborn / so pure
and intact / like the First Dya!'
(Madalena Férin).*

Império da Fajãzinha.
*Empire of the little Fajã or Fajãzinha
(Império of the Fajãzinha).*

◀ Flores: Rocha dos Bordões.
◀ *Flores – The Rock of the Rods
(Rocha dos Bordões).*

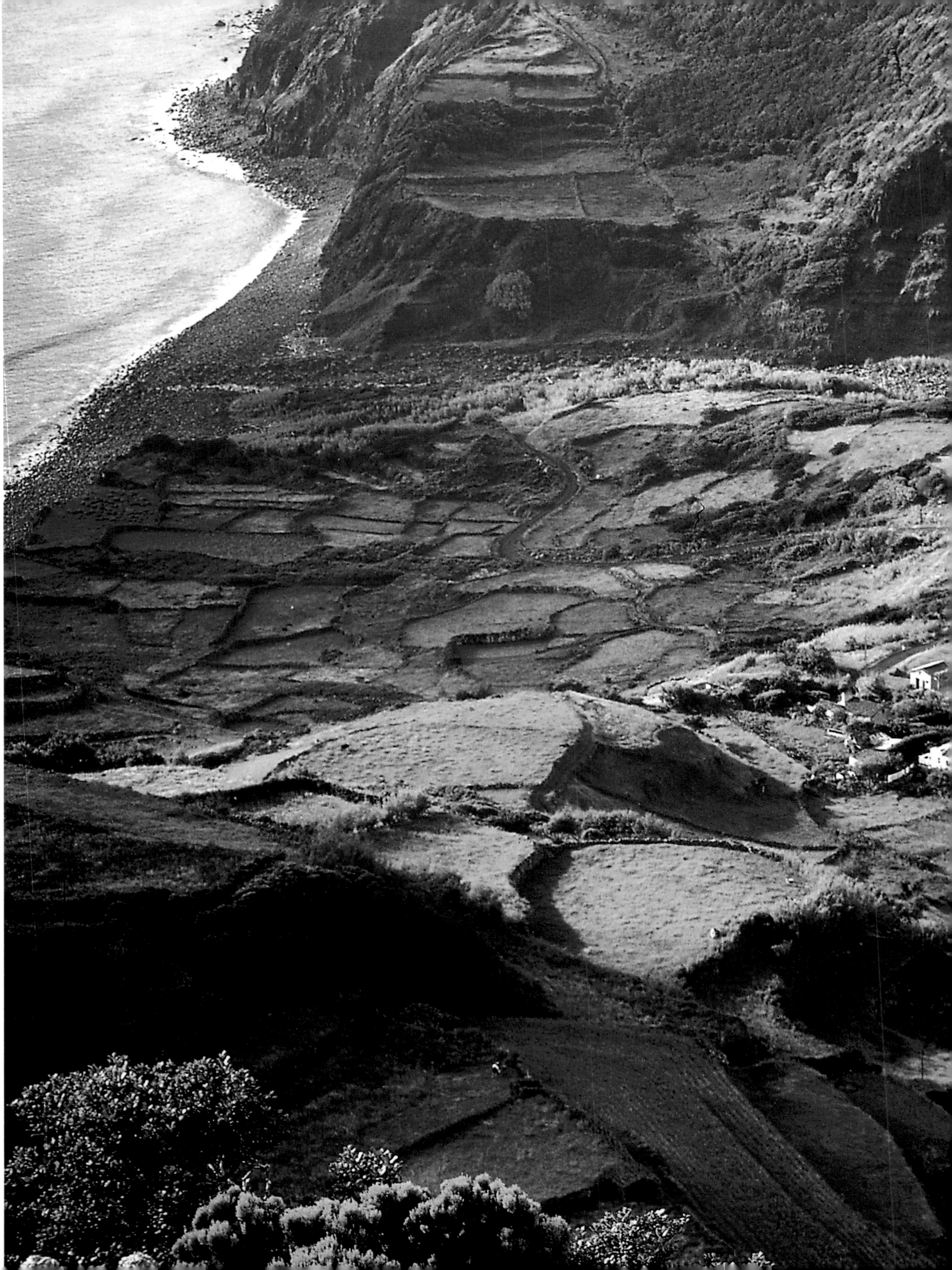

Pág. 168 e 169: Flores, Fajãzinha.
«Em frente, / mar. / Para trás, / rochas
a pique / vedam todos os caminhos.»
(Pedro da Silveira).

*P. 168/169: Flores – Fajãzinha.
'In front,/ sea./ To the back,/ rocks sheering down/ fence off all the paths.' (Pedro
da Silveira).*

Corvo: «Se eu não acreditasse nesse Corvo não andava
à procura até que o encontre.» (Onésimo Teotónio Almeida).

◀ Flores, com o Corvo ao fundo.
◀ *Flores, with Corvo in the background.*

*Corvo. 'If I failed to believe in this Crow (Corvo) I would
not be looking for it until I found it.' (Onésimo Teotónio Almeida).*

ÍNDICE
INDEX